AUTORIDADE DO PROFESSOR:
Meta, mito ou nada disso?

Questões da Nossa Época
Volume 45

Dados Internacionais de Catalogação na Publicação (CIP)
(Câmara Brasileira do Livro, SP, Brasil)

> Furlani, Lúcia M. Teixeira
> Autoridade do professor : meta, mito ou nada disso? / Lúcia M. Teixeira Furlani. — 9. ed. — São Paulo : Cortez, 2012. — (Coleção questões da nossa época ; v. 45)
>
> ISBN 978-85-249-1931-2
>
> 1. Autoridade 2. Interação professor-aluno 3. Professores e estudantes 4. Professores universitários I. Título. II. Série.
>
> 12-06667   CDD-371.1023
> -303.36
> -378.12
> -371.102

Índices para catálogo sistemático:
1. Alunos e professores : Relações : Educação   371.1023
2. Autoridade : Sociologia   303.36
3. Interação professor-alunos : Educação   371.1023
4. Professores universitários e alunos : Relações : Ensino superior   378.12
5. Relações entre professores e alunos : Educação   371.102

Lúcia M. Teixeira Furlani

AUTORIDADE DO PROFESSOR:
Meta, mito ou nada disso?

9ª edição

CORTEZ
EDITORA

AUTORIDADE DO PROFESSOR: meta, mito ou nada disso?
Lúcia Maria Teixeira Furlani

Capa: aeroestúdio
Preparação de originais: Solange Martins
Revisão: Lucimara Carvalho
Composição: Linea Editora Ltda.
Coordenação editorial: Danilo A. Q. Morales

Nenhuma parte desta obra pode ser reproduzida ou duplicada sem autorização expressa da autora e do editor.

© 1988 by Lúcia Maria Teixeira Furlani

Direitos para esta edição
CORTEZ EDITORA
Rua Monte Alegre, 1074 – Perdizes
05014-001 – São Paulo – SP
Tel.: (11) 3864-0111 Fax: (11) 3864-4290
e-mail: cortez@cortezeditora.com.br
www.cortezeditora.com.br

Impresso no Brasil – julho de 2012

Nenhum livro é escrito tão somente por uma pessoa. Este nao é uma exceção, pois muitos colaboraram, de uma forma ou de outra, para tornar possível sua construçao. No dizer de Goethe, isso faz com que a obra pertença a um "ser coletivo". Muito obrigada a todos. Seus nomes são lembranças perenes, na medida em que estão gravados no livro do meu destino.

Lúcia Maria Teixeira Furlani

Sumário

Prefácio 9

Introdução 13

Nada disso — Abandonar as evidências
sobre autoridade 17

Por que privilegiar a autoridade baseada
na competência? 33

Papéis que integram a competência do professor 45

O sonho não acabou? 81

Referências bibliográficas 87

Prefácio

Este espaço é convite para um encontro, no qual sua experiência representará uma contribuição ao texto: leia essas condensadas páginas com espírito crítico, releia, analise, exponha-se, assim como a suas ideias e sentimentos.

Qual o propósito do conhecimento se ele não é dividido com os outros e reconstruído? Nada é exclusivamente nosso. Este livro, que trata do relacionamento humano, em particular o existente entre professor e aluno, objetiva apresentar questões que colaborem para a reflexão e a vivência dentro da prática escolar, prática essa que é ao mesmo tempo pedagógica, política e de relacionamento psicossocial.

Isso não quer dizer que você deva chegar às mesmas propostas que delineei aqui. Bem ao contrário, reconhecendo as condições complexas de pensamento, teoria e ação, meu intuito é que você seja um aliado na luta contra o erro, desmascarando qualquer tendência de sermos transformados em magos.

Pensei em um convite para sua imaginação alçar voo, refletindo sobre as ideias com as quais você está comprometido, como cidadão do mundo. De minha parte, penso no mundo como espaço de dignidade humana, no qual a vida merece gozar de uma qualidade instrumental: lugar de preservação ecológica e, portanto, de definição e satisfação das necessidades básicas de sobrevivência e de promoção coletiva do ser humano, onde ele é capaz de criar novas instituições, novos caminhos, modelos sociais para um novo projeto de sociedade. Esta é, pelo menos, minha aposta, minha esperança.

Ao mesmo tempo, ao pensar no mundo, e nas instituições nele existentes, não posso deixar de lembrar as lições arquetípicas que vêm de diferentes fontes: do senso comum, do homem de rua que, em linguagem rudimentar, ensina, para os que quiserem aprender, que no universo existem dois fatos elementares, que são o *bem* e o *mal*; lições dos antigos persas, que acreditavam em fenômenos que dominavam *luz* e *trevas*; dos ensinamentos religiosos, que pregam a existência de *Deus* e do *Demônio*; ou, ainda, dos mestres orientais, para quem o *ying* e o *yang*, o princípio masculino e o feminino, estão sempre presentes, em conflito e, assim, sempre se completando.

Certamente, essas presenças no cosmos — positivas e negativas, sol e lua, água e fogo... — são verdadeiras ou, pelo menos, representam o motor da percepção das diferenças e, o que é mais importante, da *consciência de nossa própria identidade*. Identidade de ser imperfeito, que foi separado da divindade infinita e que, portanto, é capaz do ódio, do desamor, da violência, do autoritarismo e da opressão em relação a outros indivíduos. Mas é capaz também de amar e de canalizar suas forças criativas, estabelecendo utopias, dimensões secretas da realidade que fazem aflorar as energias contidas e ampliar os horizontes de possibilidades abertos ao próprio eu e a outros homens. E a ação humana capaz de auxiliar no processo de aperfeiçoamento de outros seres únicos, não para que atinjam a perfeição, "ethos" que raramente é alcançado pelo homem, devido à sua condição de totalização contraditória, na qual o "bem" é uma parte inerente do "mal" e vice-versa. Mas para potencializá-los como seres humanos, isto é, para que ultrapassem suas necessidades e criem outras, compreendam sua própria existência e a realidade social, exercitem conjuntamente o poder em empreendimentos comuns, combatam a dúvida, a incongruência através das escolhas autônomas, expressem suas aspirações, seus sentimentos, compartilhem seus sonhos.

Aceite este convite para um encontro; você pode torná--lo ponto de passagem, de modo que não se esgote dentro dos limites do caminho.

L. M. T. F.

Introdução

A desvalorização do papel de professor

Uma crise política acompanhou o desenvolvimento do mundo moderno em nosso século: a crise da autoridade, que consiste em, tanto prática como teoricamente, não se saber o que a autoridade realmente é (Arendt, 1972). Além disso, a controvérsia que cerca esse termo situa-se dentro de um amplo processo denominado de "crise cultural". Uma crise cultural ocorre quando ideias, valores, crenças estão sendo questionados, pois o ideário que servia de referencial para a postura humana revela-se inconsistente frente aos problemas criados por uma nova realidade. No atual momento histórico e crítico, que afeta não só o Brasil e o Terceiro Mundo, mas também toda a cultura do mundo contemporâneo, busca-se substituir os sentidos de alguns valores por outros que contribuam para a construção de uma sociedade democrática.

Na área da Educação, a busca destes novos valores e referenciais fez-se como modo de apreender um mundo comum a todos os homens, sanando a confusão a respeito do papel dos educadores e da autoridade decorrente deste. Entretanto, alguns paradigmas educacionais vigentes nos últimos anos tenderam — de uma forma ou de outra — a desvalorizar a função dos professores no processo pedagógico. Em alguns casos, foi o professor reduzido ao papel de executor de políticas planejadas por tecnocratas, em outros foi identificado como autoritário, repressor etc. Com isto, ao ampliar sua importância quantitativa, o professor foi perdendo sua importância social, técnica e política.

A desvalorização do papel de professor foi seguida, principalmente nas discussões sobre ensino superior no Brasil, pela conscientização da necessidade de redimensionar o papel docente, integrando-se coerentemente os aspectos técnicos e comportamentais com os componentes ideológicos e políticos envolvidos em ambos.[1] Nestas discussões, enfatiza-se a necessidade da qualidade e do desempenho, que são elementos constituintes da identidade da universidade, sem que se caia no autoritarismo, que acaba por se transformar, frequentemente, em anti-intelectualismo e irracionalismo; reconhece-se como fundamental a autonomia acadêmica, desde que não se converta em corporativismo.

Portanto, intensa polêmica, que está longe de terminar, envolvendo a sociedade brasileira, vem questionando o

---

1. Para maiores detalhes, consultar o Relatório da Comissão Nacional de Reformulação do Ensino Superior no Brasil: *Uma nova política pana a Educação Superior* (MEC, 1985).

conhecimento universitário a partir dos próprios conteúdos desse conhecimento, passando pelas formas através das quais ele é elaborado, a serviço de quem ele existe. No fundo dessa polêmica, há o desejo coletivo de se ter uma universidade mais digna, mais respeitável, mais competente, o que passa pelo papel docente, pela relação pedagógica decorrente dele e pela autoridade indispensável à atuação direta e pessoal do professor.

Deseja-se, portanto, que a Educação Superior seja de uma determinada maneira, mas se sabe que, de fato, ela ainda não o é. O que não impede que educadores estejam vivenciando este fato concreto e que possam estar propondo outro.

Este livro pretende auxiliar na identificação de alguns dos valores que permeiam a relação professor-aluno, de forma a contribuir, em última análise, para a compreensão da prática docente, prática essa que está envolvida, de forma complexa, em múltiplas outras relações. Estas relações ocorrem entre pessoas, grupos e fenômenos dentro dos sistemas de ensino e entre estes sistemas e a sociedade (isto é, suas instâncias econômicas, culturais e políticas).

Esses elementos de natureza socioeconômico-política aumentam o desafio intelectual permanente dos educadores: vivenciar o resultado imediato das conjecturas elaboradas pelo teórico, em uma realidade invariavelmente mais complexa do que as descritas pelas teorias educacionais.

Embora o livro formule elementos teóricos que abordam aspectos da prática docente, em nenhum momento pretende fornecer "receitas", já que tem ele um caráter introdutório. E, "introduzir é, em primeiro lugar, inquietar, pôr em questão, no duplo sentido desta expressão: formular a questão e perguntar pelo seu sentido, isto é, descobrir sua origem. É iniciar, isto é, tomar o caminho da indagação e comunicar em primeiro lugar a necessidade da própria indagação" (Deleule, 1975, p. 19).

A indagação a respeito do sentido da autoridade docente (meta, mito ou nada disso?) visa, portanto, convidar o leitor para participar do debate que se pretende iniciar com o material destas páginas. Temos certeza de que a confrontação das ideias aqui contidas contribuirá para a superação das lacunas deste trabalho, tarefa que deverá ser levada a efeito pelos educadores, estudantes, escolas, universidades e sistemas de ensino que lutam, cada um com sua contribuição específica, para a construção e reconstrução permanente de formas de exercício de autoridade que respondam às suas necessidades e às da sociedade democrática que se deseja concretizar.

Nada disso — Abandonar as evidências sobre autoridade

Para convidar o leitor a abandonar algumas das evidências que cercam as relações de autoridade, torna-se necessário entender o que se está tomando como poder, já que a revisão de estudos que efetuamos mostrou que a citação do primeiro conceito ocorre sempre acompanhada de referências sobre as relações de poder.

1. Relações de poder

Grande parte dos cientistas sociais refere-se ao poder como a capacidade de um agente para produzir determinados efeitos, sendo decorrente de uma relação social entre indivíduos, grupos ou organizações, em que uma das partes exerce controle sobre a outra (entre outros autores, French e Raven, 1969).

Destacam na definição de poder a indeterminação de efeitos produzidos: o grau de controle exercido ou o grau de obediência obtido são bastante variáveis e, a não ser em casos extremos, a obediência nunca é completa. Por isso, caracterizam a noção abstrata de poder como uma probabilidade, classificando-se como uma capacidade potencial para ação (French e Raven, 1969). Ao conceituar poder como potência, tornamos a encontrar a distinção, já estabelecida por Aristóteles, entre a potência (*dunamis*) e o ato (*ergon*). Ainda que o indivíduo, grupo ou organização nunca passem ao ato, estes possuem a capacidade para efetuar determinado desempenho; pois dispõem de recursos que os tornam capazes de exercer seu poder a qualquer momento. French e Raven acrescentam na conceituação de poder a noção de influência. Uma relação de influência verifica-se quando alguém adere a interesses, valores, crenças ou modos de comportamento de outrem. Numa relação de poder, essa adesão pode se dar com o consentimento ou não de quem adere. Porém, com ou sem o consentimento da(s) pessoa(s) sobre quem ele é exercido, o poder, que é uma relação de forças, torna-se possível porque quem o exerce possui a capacidade de aumentar ou diminuir a satisfação das necessidades de outrem.

A expressão *relação de forças* não está aqui significando necessariamente a posse de meios violentos ou de coerção, mas sim de meios que permitam obter a adesão de outros, para a influência que será exercida no seu comportamento. A abrangência (sociopolítico-psicológica) da concepção de poder não a restringe, portanto, às relações que acontecem em instituições. O sistema de comportamento socialmente imposto abrange também "os costumes, leis, preconceitos, crenças, paixões coletivas e tudo o mais que contribui para determinar a ordem social" (Lebrun, 1984, p. 13).

Não se torna correto considerar, então, o poder como uma propriedade, algo que se possui ou não, de acordo com a teorização até agora exposta. Para esclarecer sobre a natureza complexa do poder, torna-se necessário recorrer a Foucault (1979), o qual introduz a polêmica ideia de que o poder não existe, rigorosamente falando. Existem práticas ou relações de poder, sendo ele algo que se exerce, que se efetua, que funciona. Foucault acrescenta, ainda, que não se explica inteiramente o poder quando se procura caracterizá-lo por sua função repressiva: "Se o poder fosse somente repressivo, se não fizesse outra coisa a não ser dizer não, você acredita que seria obedecido? O que faz com que o poder se mantenha e que seja aceito é simplesmente porque ele, não pesa como uma força que diz não, mas que de fato permeia, produz coisas, induz ao prazer, forma saber, produz discursos. Deve-se considerá-lo como uma rede produtiva que atravessa todo corpo social muito mais do que uma instância negativa que tem por função reprimir" (1979, p. 8).

O poder não é, portanto, algo estranho ao corpo social, nem algo que se opõe sempre ao indivíduo. Este é o nome atribuído ao conjunto de relações que funcionam na espessura do corpo social. Por isso, o poder não é uma função qualquer na sociedade. A expressão *dominus originarius*, já utilizada por Kant, referia-se ao poder como aquilo que cria os cidadãos, menos do que o que os domina.

As teses de Foucault sobre a anatomia do poder foram importantes porque fizeram compreender o poder invasor e insidioso que se instala na modernidade. Sem pretender, em tão pouco espaço, criticá-lo, consideramos que a descrição deste autor pode soar como redução sistemática de todos os processos sociais a padrões de dominação, em geral não especificados. A maior importância de sua teoria, em nosso entender, reside na contribuição dada à universalidade do fenômeno — sejam quais forem as diferenças históricas ou econômicas — e que poderia ser resumida a grosso modo a: o poder na sociedade moderna envolve o indivíduo; o poder estatal tende a instituir cada vez mais o social. O que o torna perigoso é o fato de ele tomar conta da sociedade.

As relações de poder são, no entanto, condição de funcionamento de qualquer sociedade moderna, conforme Lebrun (1984). Pode-se resistir a ele? Se não é possível, quem deveria ou seria capaz de exercer essa capacidade de potência? Ou ainda, exercê-la com menor detrimento daqueles aos quais se unem, por relações de poder? E no âmbito institucional, como interpretar o fenômeno do poder?

2. Relações de autoridade

A resposta a estas questões nos remete a um tipo especial de relação de poder, que se efetua em uma instituição (no caso, a escola). O aspecto institucional é aqui primordial, já que a relação estabelecida entre professor e aluno é possível porque tem, atrás de si, uma instituição formal, constituída pela sociedade que, de modo geral, aprova e aceita as relações de poder nela existentes, as quais, assim, se constituem em autoridade. Desse modo, a relação professor-aluno é, sob alguns aspectos, a concretização de uma instituição de nossa cultura, da mesma forma que o é a autoridade que tem o professor, como agente responsável, diante do sistema social mais amplo, pelo desempenho do grupo-classe.

As relações de autoridade não são somente baseadas no aspecto institucional; estamos considerando também, como exercícios diferenciais de poder, as relações que se estabelecem como de autoridade em decorrência da competência do professor, competência essa que compreende o domínio teórico e prático dos princípios e conhecimentos que regem a instituição escolar. Para que a autoridade se exerça, é preciso que ocorra o reconhecimento das características da liderança de uma pessoa ou grupo, a começar por sua disponibilidade para as necessidades grupais. Esta disponibilidade pode ser medida através da hierarquia de valores de que essa pessoa ou grupo se serve para o estabelecimento do seu programa, metas e modos de alcançá-los, pois estes têm a ver com o aluno, o professor, os fatos que os cercam na sociedade e com os objetivos a que se propõem atingir através do ensino universitário. O exercício da autoridade pressupõe, portanto, a existência de um respeito mútuo à diferença.

Quando decidimos, em trabalho anterior, recuperar o discurso psicológico contido na relação de autoridade que se desenvolve entre professor e aluno (Furlani, 1987), já tínhamos claro que a autoridade é uma reação e uma atitude humanas ante a natureza e o mundo; daí provém sua natureza psicológica. Essa reação e atitude humanas, no entanto, acontecem através da atribuição de poder, nas interações sociais, daí o seu caráter sociológico. Por isto, ao recuperar o discurso psicológico contido na relação de autoridade, explicitamos (Furlani, 1987) que não poderíamos deixar de lado o auxílio das teorias organizacionais, já que essas relações se efetivam em âmbito institucional. Não faremos uma exposição exaustiva das teorias organizacionais existentes, pois isto já foi realizado em inúmeras obras destinadas a tal fim. Este livro privilegia uma dessas teorias organizacionais — a abordagem da ação humana — pois não assumimos uma postura eclética ou neutra frente à diversidade teórica vigente em Educação. Não há, no entanto, em nenhum momento, a intenção de prescrever receitas acabadas ou dogmáticas. Baseadas na realidade do cotidiano escolar, aqui se colocam reflexões que continuam sendo compartilhadas, como parte de uma realidade em processo e, portanto, em transformação.

As teorias organizacionais podem ser examinadas no âmbito global de evolução do pensamento filosófico e sociológico. Para entender adequadamente a natureza das organizações formais e as possibilidades de ação do ser humano dentro delas, é preciso examinar as organizações no contexto mais amplo da origem e da evolução da teoria organizacional no âmbito da Sociologia, como o faz Sander (1984).

3. Sociologia e Pedagogia do Consenso

A Sociologia do Consenso, enraizada no Positivismo e no Organicismo concebidos no século XIX, respectivamente por Comte e Spencer, encontra no funcionalismo sociológico, aliado à tradicional teoria de sistemas, seu principal desenvolvimento. São representantes do funcionalismo sociológico Pareto, Merton, Homans e Parson. Além dos princípios de Comte e Spencer e da revisão conceitual e metodológica dos Tönnies e Durkheim, o funcionalismo se alimenta de fontes como a Psicologia da Gestalt e o conceito weberiano de racionalidade funcional.

A Pedagogia do Consenso fundamenta-se nos conceitos liberais da Sociologia do Consenso. Concordamos com Sander quando analisa que, embora o funcionalismo subjacente à Pedagogia do Consenso apresente contribuições muito valiosas, ele é determinístico quando desconsidera as consequências da ação intencional dos participantes do sistema educacional, que são despersonalizados, determinados pela organização. Incapaz de equacionar devidamente temas como conflito, mudança e inovação educacional, o funcionalismo preocupa-se apenas com as consequências da ação social, esquecendo-se de suas causas. Dentro da perspectiva da Sociologia do Consenso e da Pedagogia resultante dela, a autoridade se estabelece para atingir os objetivos ligados à eficiência e à racionalidade instrumental, descuidando dos aspectos éticos relacionados com os participantes do sistema educacional.

Por este motivo, consideramos que esta Pedagogia não consegue apresentar as soluções que os educadores comprometidos com a prática pedagógica requerem para os problemas que enfrentam em seu cotidiano; vamos, então, tentar ultrapassar esses postulados, buscando alcançar objetivos que contemplem também os aspectos éticos, relacionados com a comunidade universitária e com o ser humano vivendo em sociedade.

4. Sociologia e Pedagogia do Conflito

A Sociologia do Conflito, fundamentada nos conceitos filosóficos e políticos de Marx e Engels (também no século XIX), explora as potencialidades da dialética, com conceitos como poder, contradição, totalidade, mudança e emancipação. Inúmeros pensadores adotaram os ideais desta Sociologia como uma alternativa dialética da Pedagogia, fazendo surgir a Pedagogia do Conflito. Dentre os mais importantes esforços teóricos nessa direção, pode-se citar: na Europa, Bourdieu e Passeron, Berstein e Young, Althusser e Gramsci; os pensadores da chamada esquerda americana, Bowles, Gintis, Carnoy, Levin e Apple e, no Brasil, Freire, Gadotti (que cunhou, em nosso país, a expressão "Pedagogia do Conflito"), Saviani, Ribeiro, Cury, Namo de Mello e muitos outros.

Em vez de valorizar a ordem, o equilíbrio, a continuidade e a harmonia, a Pedagogia do Conflito enfatiza o papel do poder e da contradição, utilizando o método dialético. Em vez de voltar-se para as consequências da ação social e da prática pedagógica, ela volta-se prioritariamente para suas causas. Ao lado das muitas questões respondidas, esse enfoque deixou, no entanto, muitas perguntas ainda sem respostas, principalmente se for levado em conta que a crise educacional que os teóricos desta Pedagogia atribuem à organização capitalista acontece também no mundo socialista, onde o "ideal emancipatório do marxismo não foi validado até o presente" (Sander, 1984, p. 86).

A Pedagogia do Conflito denuncia o caráter ideológico da educação e sua função reprodutora na sociedade. Dentro desse enfoque, em particular na vertente marxista, a autoridade deve voltar-se para a emancipação coletiva e a transformação social, agindo em prol dos dominados, dos oprimidos e das minorias desfavorecidas e alienadas. Dentre as perguntas deixadas sem responder por essa Pedagogia, ficou-nos uma, em especial: independente do sistema econômico ou do regime político, não seria a manutenção da ordem vigente a preocupação tanto do sistema capitalista como do sistema socialista e das pedagogias que defendem cada um desses sistemas políticos? Pois concordamos com Sander quando coloca que, à medida que nenhum dos dois busca a autodestruição, a manutenção do *status quo* seria a meta para ambos.

O universalismo de sua teoria e o determinismo histórico que lhe é próprio fazem com que a Pedagogia do Conflito explique parcialmente problemas emergentes atuais. Para os sociólogos do conflito, o sistema educacional é um dos exemplos mais gritantes da manifestação da desigualdade social, que se revela tanto na oportunidade de acesso à escolarização como no aproveitamento posterior dos conhecimentos adquiridos, pela sociedade e por suas instituições. No entanto, ao enfatizar as causas que são verdadeiras, esta Pedagogia descuida do poder da intencionalidade e da ação humana nas instituições sociais.

A crítica que fazemos a estas duas mais relevantes pedagogias não tem o objetivo de recusá-las em nome de outras, mas sim o de tentar situar esses conhecimentos, definir os seus compromissos sociais e históricos, procurando ultrapassá-los e não recusá-los.

5. Qualidade de vida humana coletiva

É nesta direção que, após o rápido exame dessas duas pedagogias e das teorias organizacionais que lhes dão forma, conceituando formas diversas de exercícios de poder nas instituições, isto é, as relações de autoridade, este trabalho volta-se para as contribuições recentes da administração da Educação, acentuando o valor e os limites dos conhecimentos ligados ao conceito de *qualidade de vida humana coletiva*, nova alternativa analítica de construção e reconstrução do conhecimento científico e tecnológico, no campo da Educação e de sua administração.

A qualidade da vida humana fundamenta-se em dois valores éticos: liberdade e equidade, os quais, corretamente conjugados, deverão refletir, em um contexto cultural específico, uma experiência cujo critério-chave será o desenvolvimento da qualidade da vida humana, preservando os espaços de opção individual e promoção coletiva. A nosso ver, a preservação desses espaços deve ser estendida e delimitada pelo contexto específico da instituição universitária, no que se refere à sua responsabilidade e aos seus objetivos de caráter social: a expansão das fronteiras do conhecimento científico e técnico; a distribuição desse conhecimento; a preservação da cultura e da identidade nacional; e a promoção do pensamento crítico necessário à transformação das estruturas sociais. A qualidade da vida humana instrumental supõe a satisfação das necessidades básicas de sobrevivência e promoção coletiva, e consideramos essencial essa satisfação de necessidades, tanto para a comunidade universitária, como para a sociedade que fará uso da formação que o aluno irá adquirir na universidade.

O caminho político e administrativo para o exercício do poder, isto é, para as relações de autoridade a serem estabelecidas, é o da participação responsável, já que esta favorece a definição justa dos espaços de contribuição (de acordo com a capacidade de cada um) e de beneficiamento individual (de acordo com as necessidades de cada participante). A participação como estratégia possibilita tomadas de posição relevantes e significativas para os indivíduos e grupos de determinada organização ou sociedade, quando esta participação tem em vista desenvolver uma forma qualitativa de vida humana coletiva.

6. A autoridade dentro da Psicologia da Educação

Com base nos elementos teóricos apresentados, elaboramos um quadro sinótico que permite visualizar melhor a nossa proposta teórica para as relações de autoridade, à luz de elementos oriundos da Psicologia da Educação (*vide* p. 28-9) e pesquisa realizada por meio de entrevistas com professores e estudantes universitários (Furlani, 1987 e 1998).

Representação gráfica das relações de autoridade

```
                            ┌─────────┐
                            │  PODER  │
                            └─────────┘
                                 │
        ┌────────────────────────┼────────────────────────┐
        │                        │                        │
┌───────────────┐      ┌───────────────────┐      ┌───────────────┐
│ Autoridade como│      │ Autoridade como   │      │   Negação da  │
│   produto     │      │   reprodução da   │      │   autoridade  │
│ da relação    │      │   hierarquia      │      │               │
│professor-aluno│      │  escolar e social │      │               │
└───────────────┘      └───────────────────┘      └───────────────┘
        │                        │                        │
┌───────────────┐      ┌───────────────────┐      ┌───────────────┐
│  Competência  │      │     Posição       │      │   Recusa dos  │
│  profissional │      │    hierárquica    │      │   modelos     │
│               │      │                   │      │  de autoridade│
└───────────────┘      └───────────────────┘      └───────────────┘
        │                        │                        │
┌───────────────┐      ┌───────────────────────┐  ┌───────────────┐
│   Exercício   │      │ - Desigualdade no     │  │  Abandono do  │
│   conjunto    │      │   exercício do poder  │  │  exercício    │
│   de poder    │      │ - Ocultação do        │  │   de poder    │
│               │      │   exercício no poder  │  │               │
└───────────────┘      └───────────────────────┘  └───────────────┘
```

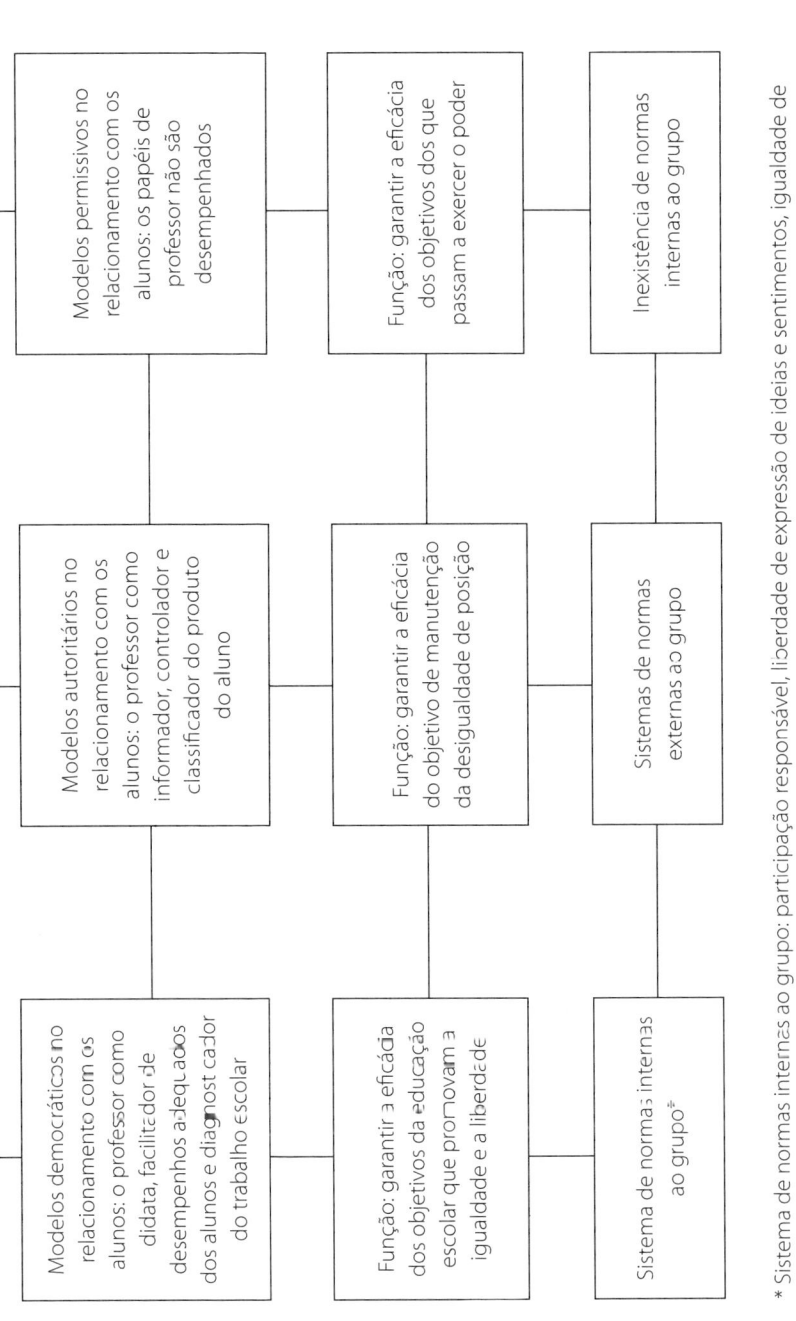

Modelos democráticos no relacionamento com os alunos: o professor como didata, facilitador de desempenhos adequados dos alunos e diagnosticador do trabalho escolar	Modelos autoritários no relacionamento com os alunos: o professor como informador, controlador e classificador do produto do aluno	Modelos permissivos no relacionamento com os alunos: os papéis de professor não são desempenhados
Função: garantir a eficácia dos objetivos da educação escolar que promovam a igualdade e a liberdade	Função: garantir a eficácia do objetivo de manutenção da desigualdade de posição	Função: garantir a eficácia dos objetivos dos que passam a exercer o poder
Sistema de normas internas ao grupo*	Sistemas de normas externas ao grupo	Inexistência de normas internas ao grupo

* Sistema de normas internas ao grupo: participação responsável, liberdade de expressão de ideias e sentimentos, igualdade de oportunidade para todos os alunos, confiança e respeito.

O quadro permite uma leitura tanto vertical como horizontal dos tipos de relação de autoridade que unem professor e aluno. A primeira relação, instituída pela sociedade e pelos poderes que nela se desenvolvem, pode reproduzir a hierarquia escolar e social. É delegada formalmente para todos aqueles que preencham certos requisitos estabelecidos legalmente por autoridades superiores (e não por aqueles alunos em particular para aquele professor em especial). A autoridade decorrente da posição hierárquica pode ser aceita simplesmente porque a lei a ampara e não porque seu portador necessariamente demonstra competência, e permite o exercício da liderança dos membros do grupo (tanto alunos como o professor), de acordo com a capacidade e as necessidades de cada um.

Por um outro lado, professores, alunos e demais membros da comunidade universitária não podem anular um sistema de normas, que é externo, e que portanto não criaram, mas, por outro lado, refugiar-se atrás disso para recusar qualquer tipo de transformação representa uma atitude conformista e de autoritarismo.

Através do quadro, pode-se notar que, se não se pode anular o primeiro vínculo (o institucional), pode-se minimizar a ligação com o macropoder, por meio da forma diferenciada de os professores (ou daqueles que são instituídos como autoridade) se inserirem neste vínculo, legitimando a autoridade como produto da relação professor-aluno. Esta autoridade é legítima quando se baseia na competência do professor e do aluno para alterar o exercício do poder, gerando poder conjunto. Ao contrário do macropoder, o micropoder constantemente está depositado em nossas mãos e depende do poder pessoal de decisão.

A leitura horizontal permite a compreensão de que a hierarquia, ao mesmo tempo em que não pode ser subestimada, pode coexistir vinculada a um questionamento permanente quanto à pertinência dos modelos hierárquicos estabelecidos, de forma a criar normas internas ao grupo, coerentes com a construção de uma nova realidade grupai decorrente do exercício conjunto de poder.

O exercício conjunto de poder traz, no seu interior, no seu limite, também a possibilidade de ser transformado na desigualdade ou na ocultação do poder (autoridade baseada unicamente na posição) ou no abandono do exercício do poder (quando se recusam os modelos das relações de autoridade — tanto a competência quanto a posição hierárquica). Por esta razão representamos graficamente as relações de autoridade através das linhas de ligação horizontal e vertical, de modo a descrever sua forma dinâmica e suas dimensões, ora opostas (sentido horizontal) ora complementares (sentido vertical).

Por que privilegiar a autoridade baseada na competência?

A autoridade que surge através da competência e do empenho profissional do professor pode estabelecer uma mediação democrática, através da ênfase predominante que faça convergir liberdade e igualdade, tendo como critério norteador a qualidade de vida humana coletiva. Consideramos que esse tipo de mediação, com a ênfase e o critério que a norteiam, possibilita que se atinjam os objetivos da educação universitária de construir e distribuir o conhecimento. A construção do conhecimento exige que haja normas que garantam liberdade de expressão de ideias e sentimentos, e participação responsável dos membros do grupo-classe e da universidade. A distribuição do conhecimento exige igualdade de oportunidade para todos os alunos, confiança e respeito, para que o conhecimento beneficie concretamente a todos os participantes do grupo-classe.

A autoridade que assim se exerce, em vez de estar baseada na legalidade da posição do professor, decorre da sua legitimidade. Está ligada aos papéis inerentes ao exercício da docência e se expressa em situações nas quais a competência do professor o credencia como aquele que melhor poderá executar determinadas funções. Essa autoridade é delegada pelos alunos ao professor que demonstra competência, quando esta atende a necessidades mútuas do professor e dos alunos. O pressuposto dessa autoridade é a participação responsável, pois esta tende a afastar o perigo das soluções dogmáticas e fechadas. Por isto, denominamos a autoridade que assim é estabelecida como *exercício conjunto do poder*.

Dentro dessa concepção de relação de autoridade, o professor pode diminuir a desigualdade existente entre ele e o aluno, devido à hierarquia escolar e social. O que não quer dizer que essa desigualdade desapareça, uma vez que a relação se baseie na competência do professor.

Há pelo menos uma necessidade prévia, tanto dos alunos como da própria estrutura da universidade, de alcançar os objetivos de distribuição e construção do conhecimento; para atingi-los, necessitam, alunos e universidade, de um profissional que transmita um conteúdo, discipline e avalie a situação pedagógica, ao mesmo tempo em que lide com um relacionamento (através do qual se apreende e se reelabora o conteúdo). Se o professor assume esses papéis como específicos, isto o impede de ser apenas mais um do grupo, e a desigualdade, no nível concreto da situação didática, é um dado irrefutável.

A desigualdade inicial, no entanto, não impede a igualdade que se pode atingir, por meio da competência profissional, que respeite a identidade do professor e do aluno, e que permita que haja influências mútuas. Isso acontece quando o desempenho dos quatro papéis do professor valoriza o conhecimento que o aluno possui e o toma como referência para a introdução do que lhe é desconhecido, permite a construção de um saber novo e abre novas perspectivas no processo ensino-aprendizagem, tanto no que se refere à relação professor-aluno, quanto no que se refere à relação aluno-conhecimento e professor-conhecimento. No Capítulo 4, serão abordados os quatro papéis docentes, assim como os diferentes aspectos por meio dos quais cada um deles pode ser entendido, gerando concepções diversas das relações de autoridade.

Nesse exercício conjunto de poder, o aluno pode redimensionar sua relação com o professor, com outros alunos e com sua própria vida ao saber se posicionar, questionando, discutindo o que é colocado, ao usar a responsabilidade de construir sua forma de conhecimento.

Além dessa concepção de exercício *conjunto de poder*, que se baseia na competência de professor e alunos, serão apresentadas outras, baseadas na posição hierárquica do professor — quando o desempenho dos papéis volta-se para acentuar a desigualdade existente entre professor e aluno — e na abdicação ou negação da autoridade — quando o professor abandona as possibilidades que possui de mediação (democrática ou não).

1. Autoridade baseada na posição hierárquica

Pode-se compreender uma relação intersubjetiva através da resposta que se dá a esta questão: quem está em posição superior e quem está em posição inferior? Entre professor e alunos, há uma relação de poder institucionalizado que se efetiva por meio da organização escolar. Não é a simples aceitação da autoridade baseada na competência o que a constitui. A sua natureza institucional iguala-a a muitas outras que se desenvolvem socialmente, e das quais professores e alunos participam interagindo com outros parceiros, e com os quais entram em conflito (mesmo em uma situação democrática e normal ou até por causa dela), num contexto no qual sempre há convenções, normas e instituições preexistentes.

A natureza hierárquica, institucional, no entanto, não configura que a relação de autoridade se esgote nessa natureza. Empenhar-se em acreditar que recebemos o poder apenas de cima, além de ser um erro, em nosso entender é também uma licença para exercer formas de tirania ou de autoritarismo.

Campos (1985), ao discorrer sobre o papel do professor, ressalta que esse cresce em dificuldades na sociedade moderna, já que, em princípio, é dele exigida a transmissão de conhecimentos especializados necessários ao desenvolvimento da sociedade, ao mesmo tempo em que o professor transmite, consciente ou inconscientemente, valores, normas, maneiras de pensar e padrões de comportamento que contribuem eficazmente para a permanência da vida social.

Em nossa sociedade, esta dificuldade se acentua, já que atualmente a nação vive a crise decorrente da incapacidade das instituições para corresponder às mudanças emergentes do momento histórico. O afastamento dos padrões ligados à conservação e transmissão de determinados valores sociais, ainda presentes em nossa sociedade, pode gerar a insegurança de que falam os professores, quando muitas vezes justificam uma concepção de autoridade baseada na reprodução da hierarquia social e escolar. O professor exerce o poder inerente aos seus quatro papéis de forma a manter inquestionável e distante de críticas a sua posição, seja em âmbito institucional ou pessoal, ao mesmo tempo em que o aluno não pode exercer seu poder na vivência de modelos no relacionamento com os colegas e com o próprio professor. Evita-se, assim, que os alunos pensem autonomamente e trabalhem produtivamente. A crítica do aluno não é permitida nem estimulada, ele é avaliado positivamente se referendar o sentido único que o professor atribui ao conhecimento e apresentar comportamentos que não contestem esse sentido, isto é, comportamentos de dependência. Essa relação, que se apoia na (posição hierárquica escolar e social, pode ser ostensiva, explícita (desigualdade no exercício do poder) ou ocultada, camuflada (ocultação do exercício do poder).

2. A desigualdade no exercício do poder

A concepção de autoridade baseada na posição, a qual reproduz a hierarquia social e escolar foi, por nós conceituada, como intimamente relacionada com as concepções de competência em que o professor pretende impor-se ao aluno; através da superioridade do cargo. Essas concepções são aquelas que colocam o professor como informador (na transmissão do conhecimento), como controlador (no disciplinamento da situação pedagógica), como classificador (na avaliação da mesma) e com uma vivência de modelos autoritários. O professor exerce o poder que lhe é atribuído para o desempenho dos quatro papéis da forma como são estabelecidos, e sem que estes tenham a ver com a realidade dos alunos e até do próprio professor, pois este é apenas um representante da hierarquia administrativa e institucional. Embora este seja um dos aspectos presentes na relação professor-aluno, o fato de a influência do professor, no nível concreto de sala de aula, depender apenas da posição que ele ocupa, coloca a interação professor-aluno como um caminho de mão única: o aluno é um subordinado ao professor e este, por sua vez, subordina-se a outras autoridades a ele hierarquicamente superiores. Não há espaço para desenvolver os papéis de acordo com as características de cada um e como fruto de reflexão pessoal, e esta concepção caracteriza-se por uma *desigualdade no exercício do poder*, pois os padrões preestabelecidos limitam a atuação de todos os participantes.

De acordo com dados de pesquisa na qual foram ouvidos professores sobre este tema (Furlani, 1987), alguns dos que descreviam as concepções de desigualdade no exercício do poder relatavam também que sentiam medo de serem considerados incompetentes quando não demonstravam sua superioridade em relação ao aluno, deixando entrever que a insegurança pessoal talvez fizesse com que se agarrassem a esses papéis estereotipados.

Conforme Fromm (1964), neste tipo de autoridade, que é manifesta, sabe-se que há uma ordem e sabe-se quem a dá; o professor deixa claro ao aluno que, se não fizer o que é mandado, sofrerá determinadas sanções. O clima emocional pode caracterizar-se, por parte dos que sofrem os efeitos dessa autoridade (os alunos), por sentimentos de hostilidade, ressentimento ou inferioridade e passividade. Mas, pode-se lutar contra essa autoridade e nessa luta podem-se desenvolver a autonomia, a independência e a coragem moral. Logo, apesar de o aluno não exercer nenhum poder dentro dessa conceituação de autoridade, a congruência com que ela se expressa, ou seja, sua visibilidade, pode fazer com que o aluno reaja a ela.

3. A ocultação do exercício do poder

A *ocultação do exercício do poder* do professor é a concepção que abrange a descrição do papel do professor através das categorias já incluídas na desigualdade de poder, isto é, as funções priorizadas são as de informador, controlador, classificador e vivência de modelos autoritários. Porém, ao descrever ou desempenhar esses papéis, o professor não se coloca como mandante das ordens e normas, já que este mandante é "invisível", distante: a imaturidade do aluno, sua educação, a instituição, o sistema, ou outros fatores contra os quais se torna difícil reagir. Logo, há a *ocultação do exercício do poder* porque a desigualdade é patente, através dos papéis exercidos, porém a força que está sendo empregada é mantida oculta. Fromm, ao tratar da autoridade anônima (classificação similar à da ocultação do poder) considera que aparentemente não há autoridade e que tudo é feito com o consentimento dos demais. Ao contrário da *desigualdade de poder*, que se utiliza, no disciplinamento da situação pedagógica, de estratégias baseadas num complexo de punições e proibições e na rigidez do professor, a ocultação do exercício do poder foi considerada quando o disciplinamento é desempenhado através da persuasão e da sugestão, e o professor surge, frequentemente, nos depoimentos, com toda sua fragilidade frente aos "mandantes invisíveis". Torna-se necessário esclarecer que a fragilidade do professor não nos parece ser forjada. Alguns dos professores ouvidos que mencionaram essa concepção, ao serem perguntados como se sentem dentro da relação de autoridade, expressam sua insatisfação e o sentimento de culpa decorrente do exercício da autoridade (Furlani, 1987).

Os sentimentos de culpa, de insatisfação, que atingem alguns professores que adotam a concepção e a postura de ocultação do exercício de poder parecem-nos ser, em grande parte, decorrentes dos sérios equívocos que "versões críticas parcializantes" têm trazido à concepção da prática escolar. Essas versões já foram exaustivamente analisadas, razão pela qual nos abstemos de comentá-las. Libâneo (1985) discorre sobre elas denominando-as "pseudossoluções". São elas: a redução do trabalho escolar à ação política, o democratismo, o criticismo antitécnicas e meios educativos, o cinismo pedagógico ou a autonegação do papel do educador e o reformismo do curso de Pedagogia.

4. Autoridade baseada na competência e no empenho do professor

Nesta concepção, o professor exerce a autoridade que lhe é atribuída para o desempenho dos papéis que facilitam um clima de negociação normal — isto é, com conflitos — dentro do qual o poder do aluno pode ser exercido de forma que haja influências mútuas.

As funções de didata (na transmissão do conhecimento), de facilitador de desempenhos adequados (no disciplinamento da situação pedagógica), de diagnosticador (na sua avaliação) e de vivenciador de modelos democráticos no relacionamento com o aluno permitem que a identidade do aluno e também do professor sejam respeitadas, pois deixam um espaço para descobertas. O professor se mostra aberto às ideias que o aluno apresenta decorrentes de sua vivência, e sua flexibilidade possibilita a incorporação da crítica necessária à funcionalidade ou correção das decisões tomadas nos quatro papéis onde o professor exerce seu poder. Categorizamos essa concepção da relação de autoridade como *exercício conjunto de poder*, sendo a autoridade um *produto da relação professor-aluno*.

5. Recusa de modelos (negação da autoridade)

Consideramos que ao professor é atribuído poder, que lhe garante o reconhecimento voluntário (autoridade baseada na competência) ou involuntário (autoridade baseada na posição que ocupa tanto na hierarquia escolar como na social) de sua influência perante os alunos, no nível intraescolar, ou, melhor dizendo, no âmbito concreto da sala de aula, onde se desenvolve a situação didática. Ele pode recusar o poder que lhe é atribuído, negando-se a exercer tanto a autoridade baseada na posição como a autoridade baseada na competência. O que não significa que o poder deixe de ser exercido: na escola, como em outras instituições, vivemos, de uma forma ou de outra, com o poder, a ele resignamo-nos ou somos, pelo menos, capazes de reconhecê-lo. Mesmo quando não o exercemos, recusando-nos a vivenciar relações institucionalizadas, o poder continua agindo por meio de outros fatores componentes do sistema de comportamento imposto socialmente: os costumes, as leis, os preconceitos, as crenças, as paixões coletivas.

A recusa, pelo professor, destes dois modelos como base da relação de autoridade, representa uma omissão no desempenho de um papel para o qual lhe foi atribuído poder e por isso classificamos esta concepção como *abandono do exercício do poder*.

Assim, quando o professor nega a autoridade, ele *abandona o exercício do poder* de transmitir conhecimento, disciplinar e avaliar a situação pedagógica e vivenciar modelos em seu relacionamento com os alunos que respeitem a singularidade de cada um e que sejam frutos de uma reflexão. Há limites para essas ações do professor, ações essas, no entanto, que são ao mesmo tempo pedagógicas, de relacionamento psicossocial e sociopolíticas. Mesmo considerando-as historicamente determinadas, elas se dão, no âmbito escolar, prioritariamente, na relação pedagógica. O que equivale a dizer que a sociedade define o ser humano e, como tal, professores e alunos, mas o ser humano também define a instituição de que participa e a sociedade, pois sua ação determina substantivamente a realidade social. Neste sentido, concordamos com os teóricos da *abordagem da ação humana* que assim colocam as margens de liberdade que podem ser utilizadas.

Ao abandonar o exercício do poder de que dispõe para o desempenho dos papéis, o professor permite que os múltiplos sentidos dados pelos alunos sejam aceitos, sem serem disciplinados; isso pode possibilitar também uma luta pelo poder, que será ganha, com mais probabilidade, pelo aluno que dispuser de habilidades aceitas e legitimadas pela sociedade.

Papéis que integram a competência do professor

Estão aqui relacionados os comportamentos, isto é, as ações consideradas necessárias para o bom desempenho docente, selecionadas através da análise de documentos oficiais que normatizam o papel do professor de ensino superior — Lei n. 9.394, de Diretrizes e Bases da Educação Nacional, Estatutos e Regimentos de instituições de ensino superior — e de entrevistas realizadas com professores e alunos universitários (Furlani, 1987 e 1998). Estes comportamentos foram alinhados dentro de quatro temas:

- Transmissão de conhecimento;
- Disciplinamento da situação pedagógica;
- Avaliação da situação pedagógica;
- Vivência de modelos no relacionamento com os alunos.

A divisão feita destinou-se a torná-los didaticamente manipuláveis, facilitando sua análise, embora os papéis ocorram de maneira integrada: ao mesmo tempo em que o professor transmite o conhecimento, disciplina e avalia a situação pedagógica, ele se relaciona com o aluno, vivenciando determinados modelos.

Por outro lado, identificamos o papel relativo à vivência de modelos no relacionamento com o professor e com os demais alunos, como o referente ao poder atribuído ao aluno pela hierarquia escolar e que pode se diferenciar de acordo com sua atuação no grupo-classe.

1. Transmissão do conhecimento

Há na transmissão de conhecimento, uma natureza subjetiva que tem a ver com o contexto da situação, isto é, com o professor que o transmite, com os alunos para quem o professor se dirige e com os fatos que os cercam numa sociedade historicamente determinada.

No entanto, o conhecimento a ser transmitido é algo que foi sistematizado pela humanidade e que adquiriu, por isso, uma natureza objetiva, carregada de patrimônios, tradições e cultura. Portanto, as verdades matemática, científica, filosófica e cultural, que integram o conhecimento a ser transmitido pelo professor, possuem um aspecto discursivo monológico, caracterizando-se assim por conter um elemento interno de coerção que as tornam indiscutíveis.

Porém, voltando-nos para a subjetividade que integra a transmissão do conhecimento, vemos que esta transmissão, por estabelecer-se através do diálogo do professor com os alunos, possui um aspecto dialógico, que surge por intermédio da atuação prática do professor (filtro do que ele aprendeu de diversos autores, sua vivência, seu modo de ser e consciência crítica), da atuação dos alunos e do espaço factual no qual eles atuam.

A forma pela qual o professor organiza o conhecimento, transmitindo-o de modo a que seja apreendido pelo aluno, não se dá, portanto, num vazio conceitual; há aspectos diferentes desse mesmo papel, o que pode fazer com que o professor se coloque apenas como um informador ou ultrapasse essa função, assumindo a de didata.

1.1 O professor como informador

Quando se privilegia a objetividade do conhecimento e sua reprodução idêntica em todas as classes, em detrimento do contexto em que ele é transmitido, o professor assume a concepção de informador.

Essa noção de "transmissão de saber" não se restringe apenas à atuação do professor. A descrição da dinâmica do trabalho em grupo, quando utilizado como método, é uma variação do modelo de transmissão de informações: os alunos reproduzem a informação lida oralmente, em seminários ou em trabalhos escritos, sem que outras fontes sejam analisadas ou pesquisadas criticamente. Em vez do professor, o aluno é o transmissor de informações para outros grupos de alunos, um repetidor de conteúdo.

A transmissão de informações é o exercício da autoridade na forma tradicional, na qual o professor possui o saber e a posição hierárquica; os conteúdos são vistos como completos, acabados; o papel do aluno é o de ouvir e memorizar o que é transmitido, independentemente das suas experiências, necessidades e do que pode efetivamente realizar. O desempenho julgado adequado para o aluno é, portanto, passivo, espectador. Já que a autoridade é baseada na posição hierárquica, classificamos o papel de informador como desigualdade no exercício do poder ou ocultação no exercício do poder, dependendo das estratégias que são utilizadas no disciplinamento da situação pedagógica, visando manter o desempenho do aluno de acordo com o esperado.

1.2 O professor como didata

Quando, apesar de o conhecimento estar "acabado", sua transmissão pode permitir que o aluno refaça com o professor as etapas da experimentação científica, discuta os pressupostos teóricos e suas limitações, possibilitando que o mestre e seus alunos avancem em várias perspectivas, estamos nos deparando com a concepção de didata.

O que define o didata não é, no entanto, somente a utilização correta de métodos e técnicas que permitam a apreensão do conhecimento pelo aluno. E sim, que o professor, ao tratar da transmissão de conhecimento, vê o uso da metodologia, do livro didático, da apostila, do seminário, também como momentos de descoberta, tanto do aluno, como do professor. Para isso, é necessário conhecer o aluno, ouvi-lo, observá-lo, de modo a propor metodologias compatíveis com o que o aluno já tem, de forma a fazê-lo avançar na aprendizagem. O trabalho escolar é, assim, planejado de forma a ser iniciado com aquilo que o aluno já pode realizar. Acreditamos que isso pode ser bastante estimulador para o aluno, pois fazer algo adequadamente é em si ótimo encorajamento para tentar o passo seguinte. Além disso, ao contrário da concepção de informador, na qual o aluno deve ouvir, memorizar o conteúdo da matéria, na concepção de didata pede-se que o aluno faça alguma coisa ou dê, de forma ativa, uma resposta. Criam-se situações para que o aluno também repita a resposta correta aprendida, de forma ativa também: executando algo, escrevendo, demonstrando o que aprendeu.

Entendemos que o tipo de ensino descrito na concepção de didata pode produzir conhecimentos, já que o professor ensina e reaprende os conteúdos dados, porque são vistos como incompletos, e estes têm a ver com o aluno, o professor e os fatos que os cercam. A elaboração do próprio material de que o professor se serve para transmitir o conhecimento é também tarefa do aluno, não estando restrita ao professor, a quem cabe organizá-lo. Assim, à medida que aprende, o aluno também ensina, o que possibilita o exercício conjunto do poder.

2. Disciplinamento da situação pedagógica

Se o professor ensina e facilita a ocorrência de desempenhos adequados dos alunos, estamos admitindo que existe, no trabalho escolar, um grau de restrição a comportamentos julgados indesejáveis. Consideramos também que o trabalho escolar não pode se desenvolver à revelia da observância de normas de conduta, de certas ordens, pois objetiva a aprendizagem, não sendo, portanto, um processo espontâneo ou apenas lúdico.

A forma como o professor entende a disciplina, as expectativas em relação a seu papel e ao do aluno foram subdivididas em três concepções, as quais subentendem a utilização de meios diversos pelo professor:

- a concepção de disciplina com o sentido implícito de controle exterior dos alunos (o professor como controlador);
- a concepção de disciplina associada com alguma forma de organização da aula, com o autodomínio de professores e alunos, e a concentração de esforços do professor na gratificação ou "reforçamento positivo" para os alunos (o professor como facilitador dos desempenhos adequados dos alunos);
- a concepção de disciplina não associada a nenhum valor; o professor passa essa responsabilidade para os alunos (ocorrendo a ausência de disciplinamento).

2.1 O professor como controlador

Quando o professor espera um aluno submisso, que respeite a "autoridade", ele privilegia como valores do disciplinamento a aceitação, a obediência, o respeito e a dependência do aluno, assumindo a concepção de controlador da expressão dos alunos.

Alguns dos comportamentos mais comuns dos professores que adotavam a concepção de controlador puderam ser levantados através da análise de depoimentos (Furlani, 1987). Embora alguns dos professores ouvidos apontassem como valores que desejavam transmitir a independência ou autonomia do aluno e o respeito para com o outro, as estratégias e meios de que se utilizavam no disciplinamento fizeram-nos levantar a hipótese de que estes possivelmente os levassem à direção contrária da pretendida. Isto porque, embora alguns dos comportamentos normalmente considerados adequados para os alunos em sala de aula, sejam consequência do envolvimento e autodomínio destes na execução de uma tarefa, percebe-se que, muitas vezes a dificuldade do professor na organização da aula[1] faz com que ele espere esses comportamentos adequados, porém o desempenho docente não torna o aluno identificado e envolvido com os assuntos programáticos. Para tal, seria necessário primeiro que o professor se interessasse em conhecer o aluno, ouvi-lo, aproveitando sua experiência de vida, partindo de pontos que o aluno já domina. Se, no entanto, o professor evita qualquer mudança, decorrente da possível contribuição que o aluno poderá trazer para o desenvolvimento do conteúdo (porque esta contribuição pode ser vista como uma sobrecarga a um professor já sobrecarregado), ele pode voltar seus esforços apenas para o que o aluno faz de errado, visando controlá-lo, o que acaba comprometendo a aprendizagem.

---

1. Para maiores detalhes, consulte aspectos arrolados na função de didata (p. 48-9).

Citamos a seguir algumas das estratégias que relacionamos com o controle da expressão dos alunos.

2.2 Estratégias do professor controlador

O manejo da nota, o controle da presença do aluno pelo professor aparecem como meios eficazes para conseguir sanar conflitos: dar um ponto na nota, retirá-lo ou aplicar uma prova difícil, anular uma prova, abonar falta.

A finalidade educacional da nota, da prova, do texto, é assim desvirtuada, pois estes instrumentos são utilizados como punição. De acordo com Skinner (1972), educação e punição sempre estiveram historicamente juntas, embora a forma desta última tenha se modificado ao longo do tempo, sendo substituída por formas mais sutis, porém não menos humilhantes: criticar, ridicularizar, ironizar, agredir verbalmente, acrescentar ou suprimir atividades dos alunos etc.

O relacionamento ameaçador que o professor estabelece com sua classe, o qual faz com que, mediante sua simples presença, os alunos imediatamente se calem, pode ser um exemplo claro de que estes passam a emitir o comportamento desejado devido ao estímulo aversivo que o professor representa. A ameaça é substituída, algumas vezes, e o estímulo negativo é removido quando o aluno aprende o comportamento que se espera dele. Estes são aspectos da autoridade denominada de desigualdade no exercício do poder.

A sugestão, a diplomacia, o deixar o tempo passar também são algumas vezes utilizados, sem que haja um conjunto explícito de proibições e punições. O "estar ajustado ao grupo", agir de acordo com o esperado, são usados para persuasão. Assim, a responsabilidade muitas vezes é transferida, explícita ou implicitamente, para outros (universidade, colegiados, sistema etc.), e a autoridade é exercida através da ocultação do poder.

2.3 O professor como facilitador

Para o professor facilitador de desempenhos adequados dos alunos, a disciplina não diz respeito apenas ao aluno, que é ou não indisciplinado, mas está associada com o autodomínio de professores e alunos em sala de aula.

O controle do tempo de interação com o aluno continua com o professor, mas há a disposição em investi-lo em interação potencialmente positiva. Esta visão não subestima a autoridade que permeia a relação professor-aluno, mas a vê numa perspectiva diferente da concepção de controle, possibilitando o exercício conjunto de poder. Alguns dos comportamentos julgados adequados para o aluno, como exemplo, são: conhecer os limites da liberdade em sala de aula; saber se colocar; questionar os pressupostos do que é colocado; esforçar-se no estudo com persistência; cumprir os prazos e datas estabelecidas para os trabalhos; dar sugestões para o professor aperfeiçoar o programa; contribuir com aspectos do conteúdo que façam parte da vivência (profissional ou não) do aluno; auxiliar os colegas nas dificuldades que apresentam no estudo grupal; estudar não para tirar nota, mas para estar continuamente aprendendo; dar o retorno ao professor de como está aprendendo, questionando quando houver dúvida; organizar seu tempo e seus trabalhos.

2.4. Estratégias do professor facilitador

A ordem a que a disciplina se relaciona situa-se muito no domínio do aluno em relação ao material e a outros alunos. A disciplina é relacionada com o trabalho coletivo, pelo qual o aluno é corresponsável, faz algo que lhe agrada ou pelo menos concorda com o objetivo que será conseguido com a tarefa; em suma, executa-a sem se preocupar com a "disciplina".

O autodomínio de professores e alunos, baseado na corresponsabilidade por um trabalho coletivo, faz com que a cobrança possa ser efetuada por qualquer uma das partes, dentro de um contrato de trabalho no qual o professor tem obrigações para com os alunos e estes têm obrigações delimitadas para atingir objetivos já aceitos. Isto faz com que esses contratos possam ser mais eficientemente cumpridos.

Local e tempo apropriados para o trabalho, disposição dos materiais necessários, isto é, a organização pelo professor da situação, auxiliam o envolvimento do aluno. O professor é, tanto quanto o aluno, alguém que se disciplina em relação aos aspectos materiais, pedagógicos e físicos da transmissão do conhecimento e da avaliação da situação pedagógica, interessa-se pelo aluno e permite que este "cobre" essas posturas do professor.

Os professores que se colocam como facilitadores, conforme ainda classificação efetuada pela autora (Furlani, 1987), enfatizam o sucesso do aluno em vez do fracasso, isto é, o esforço do professor é dirigido no sentido da aprendizagem do aluno e não no sentido do que este fez de errado. Ao contrário dos que visam o controle, cuja atenção se volta para o desempenho inadequado do aluno, os facilitadores evitam a punição, assumindo-a apenas quando estritamente necessária ou quando se defrontam com um caso claro de testagem se os limites estabelecidos são mesmo válidos. Ignoram o mau comportamento de forma consistente e não se referem a ameaças de punição. Sabemos, por meio da literatura, que duvidosas punições (ameaças de punir ou retirar um reforço) são mais danosas que nenhuma punição, porque ensinam o aluno somente a continuar testando os limites, porque estes não são previsíveis ou confiáveis.

O professor facilitador aceita e recompensa a melhor resposta de que o aluno tenha sido capaz, até aquele ponto, de forma a avançar a partir do que o aluno já tem. Privilegiam a cooperação, a confiança, o respeito e a autonomia do aluno como valores.

2.5 Ausência de disciplinamento

A estratégia de passar a responsabilidade ao grupo de alunos, a nosso ver, surge quando o professor não sabe que comportamentos deve estimular. Assim, o grupo fica com a responsabilidade, por exemplo, pela inclusão ou não do nome do aluno no trabalho a ser apresentado pelo grupo. A ausência de participação discente não é alvo de discussão: se o grupo resolver incluir ou excluí-lo, o professor atribuirá a nota, sem discutir ou questionar a participação do aluno. Este caso é um dos exemplos da ocorrência de ausência de disciplinamento por parte do professor, já que esta função é passada para o grupo. Quando o professor não sabe que consequências deveriam seguir os comportamentos inapropriados dos alunos (isto é, quando estes tomam a aprendizagem impossível para os demais), passando esta sua função para a classe, deparamo-nos com outra ausência de disciplinamento.

O professor opta, assim, pelo caminho de ignorar uma postura inadequada, quando seria necessário corrigir esses comportamentos, pois sabe-se que, muitas vezes, as posturas extremistas ou inapropriadas representam um caso claro de testagem se os limites estabelecidos são mesmo válidos; ou são compensadas por outras fontes (tal como a atenção dos companheiros), apesar de o professor ignorá-las.

2.6 Indisciplina de quem: do aluno, do professor, da escola?

Muitos leitores já devem ter ouvido o relato de professores quanto a dificuldades que sentem no seu relacionamento com os alunos, descrevendo comportamentos discentes que poderiam ser enquadrados como de fuga ou esquiva. Comportamentos passivos e alheios à aula como faltar, olhar fixamente para o professor, para livros ou trabalhos, enquanto o pensamento está distante da classe.

Porém, quando os comportamentos dos alunos são assim passivos, muitas vezes são permitidos ou até estimulados pelo professor, já que não "perturbam a aula".

O aluno, estando presente, pode, simultaneamente, se ausentar, uma vez que sua função estimuladora (sua simples presença) está preenchida. Esta postura é mais frequente do que parece, conforme outros estudos sobre o ensino acadêmico, inserida que está numa estrutura tradicional de ensino, em vigor na maioria das escolas (do ensino básico à universidade).

Porém, além dessa forma passiva, os professores queixam-se da postura desatenciosa e agressiva dos alunos que caracteriza a indisciplina e que passa a ser um problema para o desenvolvimento de qualquer atividade: brincadeiras, ruídos, suspiros, bocejos e ausência de participação nas atividades; impertinência, provocação, agressividade, com o objetivo de atingir o professor ou, nesta impossibilidade, o de atingir os colegas.

Para alguns dos leitores talvez não seja novo o conteúdo de relatos como esses de alguns docentes, quanto à falta de percepção dos alunos dos limites da liberdade em sala de aula, o que faz com que alguns professores passem do controle dos alunos à ausência de disciplinamento, lançando mão de meios inconsistentes.

Acreditamos que a utilização, no disciplinamento, de estratégias visando o controle, seja motivo de insatisfação, tanto para o professor, como para o aluno, na grande maioria dos casos. Quando há o controle ou a ausência de disciplinamento, podemos estar nos deparando com a existência de falhas na competência do professor e do aluno para exercer o poder conjuntamente.

O professor, como pessoa que é, pode adotar práticas autoritárias (desigualdade ou ocultação no exercício do poder), ou omitir-se no desempenho de uma de suas funções (abandono do exercício do poder), quando não possui condições (pessoais, técnicas ou políticas) para desenvolver a competência profissional e quando não está motivado para aprender com os demais seres humanos com os quais interage em seu trabalho (sejam eles hierarquicamente superiores ou inferiores).

Porém, não é somente o professor que pode adotar práticas autoritárias. O aluno também, quando traz para a sala de aula preconceitos de seu grupo social. Alguns desses preconceitos podem relacionar-se com a classe social, o sexo, a raça, a idade, e outros aspectos "pessoais" do professor ou dos colegas.

Esta é, sem dúvida, uma das barreiras a serem vencidas e que muitas vezes é encontrada pelos professores em seu trabalho: a discriminação social trazida para a sala de aula. A literatura tem se ocupado em relatar preconceitos e expectativas docentes e tem poucas vezes descrito a discriminação que toma como alvo o professor.

Alguns professores por nós entrevistados (Furlani, 1987) atribuem comportamentos de confronto ou contestação à sua autoridade a alunos de condição econômica superior à sua; baseados numa "autoridade da classe socioeconômica", os alunos podem não aceitar os valores transmitidos por uma pessoa que consideram "inferior", o que representa um aspecto lamentável da nossa sociedade e que se reproduz em sala de aula.

Retornando ao desempenho docente no disciplinamento, quando os professores citam os comportamentos que são inadequados e comuns dos alunos (entre os quais o confronto e a contestação acima descritos se incluem), e voltam sua atenção constantemente para os alunos "indisciplinados", as punições podem ser mais constantemente utilizadas e a aprovação poucas vezes, caracterizando-se assim o disciplinamento como controle e não como facilitação de desempenhos adequados. Cria-se o círculo vicioso do controle, da insatisfação e da falta de confiança (necessária para o exercício de poder conjunto).

Pensando na organização da escola atual, notamos outros elementos que concorrem para a indisciplina: a situação dos professores que correm de uma escola para outra, sem tempo para si mesmos, para a integração pedagógica e muito menos para a preparação dos fatores materiais, físicos e pedagógicos envolvidos na aula. Além disso, os curtos períodos de aula, as cronologias rígidas, o gregarismo muitas vezes forçado, atuam contra a concentração prolongada dos alunos, e os períodos necessários de reflexão de que necessitariam.

Educadores indisciplinados numa escola indisciplinada não podem oferecer ao aluno a convicção de que vale a pena o esforço persistente, a concentração, o autodomínio, a autocrítica, o sacrifício de tempo, de lazer, necessários ao "ser disciplinado". Ele só pode entusiasmar-se pelos objetivos e exigências da escola se tiver reconhecido seu esforço no sentido de fazer o melhor, se tiver oportunidades de repetição do aprendizado, se se sentir identificado com a escola e com os resultados que o estudo terá para sua vida.

3. Avaliação da situação pedagógica

A escola ou, no caso, a universidade, toda ela está montada tendo em vista um sistema de avaliação de "quem entra" e "quem sai": o vestibular, os exames, as teses, são múltiplos os processos de avaliação individual.

Conforme Luckesi (1986), a avaliação é um julgamento de valor sobre manifestações relevantes da realidade, tendo em vista uma tomada de decisão. Se é um juízo de valor, significa uma afirmação qualitativa sobre dado objeto, a partir de critérios preestabelecidos. Se, por outro lado, esse julgamento se dá com base em "manifestações relevantes da realidade", não é totalmente subjetivo, pois deverá emergir de indicadores de qualidades esperadas do objeto, tendo em vista objetivos a serem alcançados (definidos como as condutas necessárias).

Categorizamos as respostas sobre essa função do professor sob dois aspectos:
- classificação do produto que o aluno apresenta;
- diagnóstico do trabalho escolar.

3.1 O professor como classificador

O comportamento do professor referente à classificação do produto que o aluno apresenta situa-se em: julgar o produto que o aluno apresenta nas provas e trabalhos e detectar as suas. dificuldades, sendo a avaliação apenas uma forma de o aluno mostrar o que apreendeu ou não.

A classificação é a avaliação centrada no erro do aluno porque não propicia: 1) que o professor descubra com o aluno em que e por que seu trabalho, prova etc. não estão adequados; 2) que, através dos porquês das substituições necessárias, sejam encontradas, pelo aluno, as alternativas de reconstrução. O aluno, sem ser levado a reconstruir sua tarefa, perde a oportunidade de aprendizagem de novas aquisições e habilidades, o que pode levá-lo a receber passivamente a avaliação do professor. A avaliação, então, deixa de ser um procedimento que favorece a aprendizagem, por intermédio do qual alunos e professor reveem e refazem as escolhas, em função dos objetivos que pretendem alcançar.

3.2 O professor como diagnosticador

A avaliação como diagnóstico efetuado pelo professor implica o julgamento do produto apresentado pelo aluno, combinado com a observação deste aluno, o que encaminha o mestre para uma reavaliação do planejamento, dos recursos utilizados e para uma autoavaliação. É uma reorientação de seu trabalho e dos alunos, permitindo que o rigor técnico e científico os auxilie na tomada de decisão necessária para superar as dificuldades apresentadas na aprendizagem.

Ao considerar o resultado conseguido nas provas e avaliações pelos alunos, este é visto como base para saber o que deve ser aprofundado ou modificado: as técnicas que estão sendo adotadas, o envolvimento do aluno, de forma a que ele atinja o mínimo necessário de aprendizagem em algumas condutas definidas como indispensáveis.

Por isso, a avaliação é programada com antecedência, de forma que o aluno possa preparar-se para ela, diminuindo as ameaças que as "provas surpresa" representam.

O diagnóstico do trabalho escolar envolve a atitude respeitosa e estimuladora do professor, a qual permite que o aluno refaça seu aprendizado, desenvolvendo-se através de passos em que suas escolhas inadequadas também são indícios das etapas vencidas. Isto evita a postura, que o aluno pode adotar na classificação, de delegar comodamente ao professor o poder de revisar, avaliar e corrigir. Embora no diagnóstico do trabalho escolar o julgamento do produto discente seja efetuado pelo professor, o aluno também tem a oportunidade da busca e da autocrítica, essencial a qualquer processo de aprendizagem significativa.

Atingem, assim, o professor e a escola, a função de desenvolver no aluno a competência que ele já traz. A avaliação como diagnóstico se insere dentro desse objetivo de favorecer e estimular esse desenvolvimento.

3.3 Avaliar o que e para quê?

Sendo a avaliação um julgamento de valor, a partir de critérios preestabelecidos, tendo em vista determinados objetivos de cada matéria e da escola, nem todo desvio à norma padrão estabelecida tem a mesma importância para o que está sendo julgado. Os aspectos mais relevantes das condutas, aquisições e habilidades priorizadas devem ser enfatizados, dando-se oportunidade ao aluno de praticar, revisar e avaliar esses aspectos.

Outras habilidades não tão relevantes também podem ser objeto de ensino, correção e revisão, contanto que não desviem a atenção e o esforço discentes das atividades realmente importantes para seu aprendizado técnico, humano e político.

Há um aspecto da classificação do produto que o aluno apresenta que é necessário lembrar. Ao enfatizar a classificação, o professor e a escola não refletem a respeito da inadequação entre os conteúdos tradicionalmente incorporados ao currículo escolar e as necessidades ou características da "clientela".

Isto assume importância crucial, porque sabe-se que o crescimento do ensino superior favoreceu a entrada na universidade de um contingente de camadas sociais e faixas etárias antes não contempladas na distribuição dos bens do saber. É inegável, por outro lado, que esse acesso à escola, à universidade, provocou um "desequilíbrio quantitativo", com amplas repercussões na prática docente tradicional.

O que, no entanto, segundo Brandão (1979), muitas vezes não é percebido pelos professores é que a "nova clientela" representa o verdadeiro desafio à competência didática, à medida que não tem, como suporte, o "background cultural" da clientela tradicional. A escola, o professor, quando não estão preparados para lidar com o aluno real que possuem na sala de aula,[2] culpabilizam-no pelo insucesso na escola e esquecem de buscar uma nova qualidade para uma escola, um professor e um aluno que mudaram.

A classificação do produto que o aluno apresenta pode significar que se escolheu projetar no próprio aluno a incompetência da escola e do professor (para lidar com um estudante diferente do idealizado). A classificação mede a absorção de dados decorativos, que não requerem a análise, a síntese, a associação e a reflexão do aluno; acaba por estimular a "cola" como instituição que, apesar de proibida, consegue integrar-se e sobreviver dentro da outra instituição — a escola. Os assuntos que são discutidos, abordados e cobrados em sala de aula não possuem sentido e relação com a vida do estudante, a ponto de conseguirem despertar seu interesse e participação. A opção pela "cola" e pela garantia da nota é uma saída cômoda para o aluno; é a adoção da burla em vez do estudo e do esforço. Mas essa apatia do estudante é também uma forma de mobilização, de mostrar-nos que não acolhe nenhuma das propostas que lhe estão sendo feitas, que não está aceitando as bases da liderança e da autoridade que a escola lhe está oferecendo. Já o diagnóstico do trabalho escolar pode revelar que esforços didáticos estão sendo dirigidos para a superação das dificuldades apresentadas na aprendizagem, o que inclui a aceitação do aluno real que se tem, sem que se descuide

---

2. Os próprios cursos de formação de professores preparam os educadores baseando-se, muitas vezes, em um aluno irreal, que apresenta condições diferentes da maioria dos estudantes brasileiros.

do rigor técnico e científico na reorientação constante do trabalho docente e discente.

4. Vivência de modelos no relacionamento com os alunos

Não é somente a capacitação técnica do professor (escolaridade, domínio de um ramo do conhecimento, experiência) que se exercita nos papéis que ele desempenha; também suas características afetivas, culturais e de personalidade se problematizam como parte dos papéis que são desempenhados, possibilitando que modelos sejam vivenciados quando o professor transmite o conteúdo, disciplina e avalia a situação pedagógica.

Os modelos através dos quais o professor se situa em relação ao outro — o aluno — foram por nós classificados ao longo de duas tendências gerais e opostas: a autoritária e a permissiva. Da superação dessas duas e da competência profissional concreta, nasce a vivência democrática.

4.1 Modelos autoritários

A vivência autoritária caracteriza-se pela ausência de diálogo; o conhecimento é imposto através de um agente exclusivo (o professor, que tem o poder de dizer já atribuído pela instituição); a relação professor-aluno aparece como mais uma relação humana onde um sempre quer ganhar (e o professor dispõe de mais meios para isto).

Os desempenhos que colocam o papel do professor na transmissão de conhecimento como informador, no disciplinamento e na avaliação da situação pedagógica, respectivamente, como controlador e classificador do produto do aluno, foram inseridos na vivência autoritária.

Ao transmitir conhecimento, disciplinar e avaliar a situação pedagógica, o professor detém todo o conhecimento necessário, por isso não é dada a palavra ao aluno, que é avaliado positivamente se concordar ou referendar o sentido único que é atribuído ao conhecimento e apresentar comportamentos que não contestem esse sentido.

É provável que essa forma de transmitir conhecimentos e de exigir a memorização e repetição de fórmulas, datas e definições façam o professor acreditar que alguns alunos aprenderam, já que foram "bem" nas provas e avaliações. Porém, essa aprendizagem não é duradoura quando os alunos não adquirem métodos de pensamento, capacidades e habilidades para poderem se utilizar, autônoma e criativamente, dos conhecimentos transmitidos. Ou quando o planejamento das aulas não tem propósitos claros de ligação entre as capacidades que estão sendo desenvolvidas (através dos conteúdos e problemas daquela matéria de estudo) e as características do aluno concreto (o seu nível de conhecimentos da matéria, sua experiência, preparo, desenvolvimento mental e sociocultural).

Na vivência autoritária, as qualidades do professor (isto é, sua escolaridade, domínio de um ramo do conhecimento, experiência ou suas características de personalidade, afetivas e culturais) são consideradas suficientes para atestar a competência profissional, como se não estivessem conectadas, interligadas, com as ações docentes a serem desenvolvidas para que ocorra a aprendizagem efetiva dos conteúdos que são valorizados socialmente.

Os modelos autoritários podem expressar-se pela desigualdade ou pela ocultação do exercício do poder.

4.1.1 Autoritário explícito

Na desigualdade do exercício do poder, fica claro no relacionamento quem dá as ordens e quem as obedece. Os professores detêm o centro da decisão, independentemente do grau de maturidade do aluno e valorizam a posição hierárquica porque temem o questionamento da ordem institucional, a ausência de lugar para quem exerce uma autoridade distante de críticas, de revisão e da avaliação.

Neste ponto, vale relembrar um ponto já abordado anteriormente: a hierarquia está implícita no relacionamento professor-aluno, desigual no ponto de partida, pois o primeiro é o transmissor de conteúdos e valores que, socializados, são indispensáveis à formação e ao exercício de cidadania. A hierarquia é necessária quando voltada para a objetivação pedagógica, para princípios de um bom ensino que se baseiam no entendimento de que o professor é o responsável técnico-político pela condução do processo de ensino-aprendizagem. Portanto, essa responsabilidade é justificada por várias atitudes que são unicamente dependentes do professor, assumi-las ou orientar-se por elas, as quais se incluem dentro dos papéis componentes da competência profissional.

Porém, a hierarquia, a desigualdade (de experiência, formação ou até idade) ou a diferença existente entre educador e educando (mesmo o adulto trabalhador) deve tornar possível a igualdade como ponto de chegada, fator com o qual concordamos com Saviani (1983). Para tal, admitimos como indispensável que seja vinculada a um questionamento permanente quanto à pertinência dos modelos hierárquicos estabelecidos. A dinâmica da situação didática exige esse questionamento, pois é um constante ajuste entre os conhecimentos que são propostos e o raciocínio e a mobilização dos alunos.

4.1.2 Autoritário oculto

A ocultação do exercício do poder supõe a impessoalidade, porque a hierarquia não é voltada para os princípios de um bom ensino e para a responsabilidade do professor pela aprendizagem, mas o é para um sistema de normas externas impessoais ou ocultas ("não é que eu queira..."). As atitudes do professor baseiam-se no que "deve ser", dando a entender que as decisões relativas ao disciplinamento e às diretrizes da interação social não são tomadas por ele ou reformuladas em conjunto pelo grupo-classe, de acordo com as necessidades que surgem, em função das condições globais nas quais o processo de ensino-aprendizagem se produz. Essas decisões seguem normas preestabelecidas (sem que seja especificado como, por que ou por quem) e seu caráter funcional não aparece como sendo questionado. Não fica claro quem dá as ordens, quem as cumpre ou em nome de quem elas existem. A independência e a liberdade podem ser valorizadas no nível do discurso, mas aparecem ao lado da dependência e do pensamento convergente do aluno. Como os limites não são claros, ao sentir suas necessidades bloqueadas, o professor pode jogar toda a responsabilidade no sistema, nos determinante socioeconômicos, e seu discurso torna-se impessoal, do esconder o conflito.

4.1.3 E o que é conflito?

De acordo com Gordon (1977), há evidências de que a frequência de conflitos em um relacionamento não está relacionada com a saúde do mesmo. É importante saber, para determinar se o relacionamento é bom, o número de conflitos não resolvidos e os métodos usados para tentar resolvê-los. No modelo de relacionamento humano de Gordon (1977), conflito significa batalhas ou colisões que ocorrem entre duas ou mais pessoas, quando seus comportamentos interferem com o do outro no encontro de suas necessidades e quando seus valores não se combinam. Devemos observar, portanto, não o número de conflitos, mas sim, quais as atitudes que parecem estar presentes no relacionamento quando são descritos os métodos utilizados para solucionar os conflitos que surgem.

Na desigualdade no exercício do poder, a congruência está presente quando a colocação de limites é efetuada às claras; é a responsabilidade de ser franco o bastante para assumir a avaliação de si para com o aluno. Apesar da franqueza, da sinceridade, os modelos vivenciados são autoritários porque o professor preocupa-se em exteriorizar e resolver as situações em que suas necessidades são bloqueadas no relacionamento com o aluno, isto é, o professor defende seu espaço, o que é um direito seu, mas não permite o respeito à satisfação do outro; dentro da vivência autoritária, há congruência. Na ocultação do exercício do poder, o professor julga que as práticas aversivas de que se vale são dele exigidas, razão pela qual se utiliza e justifica as funções de informador, controlador e classificador, minimizando o conflito.

A ausência de confiança no aluno, quando ele é visto como enganador (tendo comportamentos em aula que simulam participação), imaturo ou incapaz, caracteriza uma relação que pode passar a ser marcada pela competição ou pela dependência.

4.2 Modelos permissivos

Os modelos permissivos caracterizam-se pela total liberdade de expressão, na qual tudo é deixado acontecer em sua forma espontânea, sem limites. A aceitação dos múltiplos sentidos dados pelos alunos, sem serem estes disciplinados, possibilita também uma luta pelo poder, que será ganha pelo aluno que dispuser de habilidades aceitas e legitimadas pela sociedade. A permissividade não tem compromisso com a aprendizagem nem com instituições, porque o professor não assume os papéis e as atitudes decorrentes deles, ocasionando assim ausência de orientação e direção da aprendizagem do aluno em aspectos unicamente dependentes do docente. O aluno é ouvido, observado, mas a isso não corresponde um movimento de ajuste didático, pois o professor aprende a linguagem discente, suas percepções e prática de vida, mas não propõe problemas, conteúdos que extrapolem a experiência sociocultural do aluno. Dessa forma, o professor não mantém os limites necessários ao seu desempenho e ao desempenho do aluno; os critérios não são claros ou estabelecidos ou não têm em vista o alcance de determinados objetivos.

A função orientadora dos objetivos (mínimo ideal estabelecido no planejamento) não aparece a cada atividade, a cada aula. A adoção de um método de ensino faz pressupor a existência de uma concepção de homem e de sociedade; e, em educação escolar, a concepção de homem e sociedade deve estabelecer também a competência profissional que poderá atingi-la. Se não me utilizo de meus papéis, não tenho clareza do significado social da minha prática.

4.3 Modelos democráticos

A vivência democrática é o meio-termo entre a autoritária e a permissiva, caracterizando-se pela existência de diálogo; o conhecimento é desenvolvido, elaborado e reelaborado através de uma interação na qual o aluno tem também o direito de falar (sua experiência, nível de preparo para a matéria e suas características socioculturais são o ponto de partida para a orientação da aprendizagem). A polissemia (isto é, a possibilidade de múltiplos sentidos) é controlada, disciplinada através de limites, mas não contida, pois o professor se encontra aberto a outras ideias que o aluno apresenta, decorrentes de sua vivência, isto é, a crítica é não só permitida como estimulada.

Na vivência democrática, existe a congruência ou autenticidade, que é a colocação de sentimentos e de limites pelo professor de modo a proteger suas necessidades. Porém, ao contrário da desigualdade no exercício do poder, quando o problema é do aluno, isto é, quando ele está com suas necessidades bloqueadas, o respeito, o acolhimento caloroso, a confiança surgem no relacionamento. São atitudes de difícil expressão na escola, já que ela está imbuída de avaliação. O fato de o professor experimentar confiança em si mesmo e segurança pessoal facilita a expressão da confiança e a aceitação do aluno real que se tem.

O conhecer o aluno, ouvi-lo, colocar-se no seu lugar, sem esquecer seu próprio lugar (de professor), surge como a terceira qualidade verificada dentro da unidade do relacionamento no qual são vivenciados modelos democráticos. Os papéis de didata, de facilitador de desempenhos adequados dos alunos e de diagnosticador do trabalho escolar foram relacionados nesta vivência porque, através dessas funções, o professor estabelece e mantém os limites necessários ao seu desempenho e ao desempenho do aluno, de modo a proteger as necessidades mútuas. Nas ações do professor, é dado espaço para o aluno aprender, e por isso ele é ouvido, é observado, as metodologias propostas têm em vista propiciar momentos de descoberta, tanto do aluno como do professor, o aluno é incentivado a questionar, e suas dificuldades são levadas em conta para uma reavaliação do planejamento e dos recursos utilizados.

O planejamento do ensino está voltado para o aluno concreto, para o que é relevante para a aprendizagem das condutas necessárias e para a avaliação: a avaliação é um instrumento para o conhecimento do desenvolvimento do aluno e da necessidade, ou não, de reforço extra. Representa uma reorientação do trabalho do aluno e do professor, para que ambos examinem suas ações e dirijam-se para os objetivos (condutas mínimas) estabelecidos no planejamento.

4.4 Modelos democráticos: ainda uma utopia?

Pode parecer utópico falar-se em vivenciar modelos democráticos na relação professor-aluno, quando a própria sociedade brasileira ainda aprende e constrói, diariamente, o que é democracia. O vazio decorre porque passa-se, muitas vezes, a dizer "não" a tudo que aconteceu no passado, sem que se tenha um projeto sobre o futuro. O termo "democrático" revela-se, muitas vezes, inapropriado porque está "carregado" afetivamente.

Essa situação pode refletir-se na escola e na sala de aula. Alguns professores relatam dificuldades quanto à participação responsável dos alunos quando tentam fugir da postura denominada de tradicional, quando tentam diminuir, através do relacionamento, a distância hierárquica, estimulando o comportamento de independência e o pensamento divergente do aluno, solicitando opiniões e incorporando críticas e sugestões, quando procedentes.

Neste caso, os modelos autoritários ou permissivos que os alunos vivenciam socialmente influenciam seu relacionamento com o professor, devido aos critérios de respeito que adquiriram, na sociedade, em outras instituições, e à expectativa que os alunos trazem para a universidade, decorrente dessa vivência. Esses aspectos são devidos ao autoritarismo ou permissividade sociais ou institucionais (famílias, escolas), crenças e estereótipos sociais.

4.4.1 Idealismo ingênuo

Além dessa dificuldade decorrente do atual momento histórico, no qual somos todos aprendizes de democracia, também o fato de se afastar da imagem pública de perfeição em que se assenta o papel do professor pode gerar sua insegurança, quando surgem os conflitos no relacionamento com os alunos e não contam com a distância hierárquica, na relação de autoridade. Ao alternar os modelos vivenciados, o professor acaba contradizendo-os.

Isto acontece quando a aprovação, o afeto, a confiança, o respeito, a liberdade para expressão de ideias e sentimentos, a empatia aparecem ao lado da punição, da sugestão, da diplomacia, do "saber jogar" e da ameaça; essa alternância, essa inconsistência, mostra-se confusa para os professores e deve refletir-se nos testes constantes que os alunos podem efetuar, a fim de conhecer os limites a serem respeitados na relação.

Diesterweg, citado por Campos (1985), sintetiza muito bem o caráter de perfeição que se espera do professor, visão essa que constitui até hoje um obstáculo para a superação de seus problemas profissionais. Essa visão, conforme lembra Campos (1985), tende a impedir a imagem do magistério como uma profissão especializada, a ser desempenhada por alguém que possua conhecimento técnico adequado às suas várias funções (entre elas a de lidar com um relacionamento) e não por alguém que possua domínio de um conteúdo que o habilite apenas como informador.

4.4.2 Desenvolvimento do ensino superior brasileiro

Além desse, entre os fatores que ainda condicionam o papel do professor universitário, tal como foi desempenhado até hoje, estão as condições de desenvolvimento do ensino superior brasileiro, em nossa sociedade. Maseto (1982), por exemplo, lembra a forma como foram transplantados modelos de ensino de outros países, as pressões do mercado de trabalho, do próprio alunado que procura a universidade, o modo de produção que enfatiza a especialização e a profissionalização e o caráter terminal e profissionalizante dos cursos superiores, como os fatores que fazem com que o professor universitário seja levado a acreditar que assim pode exercer autoridade. Porém, além do professor, o aluno também é influenciado por estes fatores. Quer sair o mais rápido possível da escola com o seu diploma, porque traz para a sala de aula os valores de seu grupo social.

Este quadro faz o professor colocar-se como o transmissor do único saber válido, o que colide frontalmente com a realidade que o aluno vivencia em seu cotidiano. O real é diferente do que é transmitido em sala de aula, o que gera a rebelião e o desinteresse do aluno, ainda mais se for levado em conta o acesso das novas gerações ao consumo, ao lazer, e o contato com os meios de comunicação. Isto agrava a falta de identificação do aluno com a escola e a impotência do professor frente ao aluno, na maioria das vezes diferente daquele das camadas privilegiadas para as quais o trabalho pedagógico é planejado.

Podemos lembrar também o dilema enfrentado por muitos docentes: apesar de desejarem desenvolver em seus alunos a autonomia, a autodisciplina e a autoconfiança, compreendendo-os e confiando em suas capacidades, nem sempre os professores se consideram seguros para trabalhar com os alunos dotados destes quesitos; relatam que esses estudantes reagem tanto à recompensa quanto à punição apresentadas no disciplinamento da situação pedagógica, aumentando a impotência que sentem e levando-os a vivenciar modelos autoritários tradicionais.

4.4.3 Potencializar para os novos papéis...

Concordamos com Skinner (1972) quando afirma que a maioria dos professores não deseja usar controles aversivos e se sentem infelizes com a sua utilização. Tais práticas continuam sendo usadas possivelmente porque os educadores não aprenderam a desenvolver outras alternativas mais eficazes e enriquecedoras.

Isso pode ser explicado em parte pelo fato de que, embora as posturas filosófico-pedagógicas atuais e todas as correntes de Psicologia enfatizem a importância de atitudes básicas que facilitem o desenvolvimento do outro, o relacionamento e a aprendizagem significativa, tais como as que foram descritas por Rogers (1975),[3] esse corpo de conhecimentos teórico-práticos tem ficado quase sempre à margem da formação do professor, permitindo que esse profissional seja o fruto do autodidatismo ou da repetição de modelos que se busca imitar. Acreditamos que o papel ligado à vivência de modelos no relacionamento com os alunos talvez não seja melhor desempenhado por muitos professores porque há a intenção, porém nem sempre se sabe como lidar com essa parte humana, como colocar-se de forma inovadora, democrática, numa relação na qual a autoridade é sancionada. Faz-se necessária a preparação do educador para a capacidade de reconhecer a transitoriedade dessa relação de autoridade, o que implica a ausência de medo para vivenciar a realidade de novos modelos no rela-

---

3. Essas atitudes são três e, segundo Rogers, devem ser entendidas como funcionando dentro de uma relação dialética (o que faz com que uma atitude limite a outra, e, pela negação, alcance nova posição que supera os momentos de tese e de antítese, através da totalização ou síntese): autenticidade ou congruência (vista pelos psicólogos comportamentais como assertividade), consideração positiva (que envolve confiança, respeito, aceitação, afeição) e empatia (que engloba conhecimento do outro).

cionamento com o grupo de alunos, mas ainda assim permanecer autêntico consigo mesmo. Para tanto, será necessário preparar o professor para o exercício de seus novos papéis, pois suas funções são profundamente influenciadas pelos valores que a sociedade elege, de acordo com sua evolução histórica.

Essa preparação torna-se mais urgente se tivermos em mente que as práticas de ensino hoje empregadas estarão logo superadas. A crítica, a dúvida, a superação dos preconceitos (entre eles o de que somente o saber que o professor domina é válido), novos valores emergentes, ainda não encontra a comunidade acadêmica preparada para enfrentá-los. Precisaríamos, para tal, desenvolver, tanto nos alunos, como em nós, educadores, o confronto, o julgamento, a avaliação, que atualmente são dificultados pela própria estruturação da vida escolar, a qual confirma a superioridade, a autoridade do mestre dentro do espaço da sala de aula, ao mesmo tempo em que mostra sua impotência. Do ponto de vista prático, essa estruturação acaba por dificultar a autocrítica e a crítica dos colegas (nos menores aspectos) e, consequentemente, o professor acaba não recebendo o feedback a respeito de seu comportamento em sala de aula. A liberdade de ação dos professores, simultânea à solidão de seu trabalho, já foram descritas por diversos autores. Estas fazem com que eles se sintam com bastante liberdade para planejar e inovar, em sala de aula, seu "espaço", coerentemente com o que informa a literatura sobre a necessidade que têm os professores de domínio sobre sua atividade incerta (Gonçalves, 1984). No entanto, a ausência de autoconhecimento do professor pode impedir o desenvolvimento das seguintes qualidades: expressar congruentemente o que pensa e sente; confiar na capacidade de autodeterminação de seus alunos e dispor-se a compreender a situação destes.

Essas qualidades são indispensáveis em uma profissão que exige o autoconhecimento e o conhecimento do sentido do comportamento dos outros. E, embora a Psicologia e a Sociologia nem sempre estejam preparadas para dar ao educador todos os elementos que permitam uma descrição minuciosa dos modelos de relacionamento interpessoal, devido à complexidade do processo e sua extensão na vida de cada um, já existe relevante conhecimento sistematizado nessas áreas, o qual nem sempre faz parte da formação do educador.

4.4.4 ...fazendo a teoria virar prática

Os modelos teóricos apresentados, tanto na vivência autoritária quanto na democrática e na permissiva, devem ser entendidos dentro de sua natureza — a teoria — e da subjetividade que propiciou sua elaboração. Representam um auxílio para a compreensão da complexidade dessa profissão altamente especializada — o Magistério. Os papéis da competência do professor, assim como as relações de autoridade, não existem em suas formas puras. Embora todos estejam sujeitos a usar eventualmente a autoridade de que dispomos para controlar pessoas ou para abrir mão de nossa responsabilidade frente aos outros que de nós dependem, torna-se essencial distinguir essas eventuais "falhas da competência técnica e humana" de um padrão básico de desempenho (quando costuma ser adotado na maioria das situações).

Mais do que simples símbolos teóricos, os papéis descritos podem manter viva a promessa de possibilidade do processo ensino-aprendizagem estar a serviço da democratização escolar; esta, embora insuficiente, é uma das condições para a democratização da sociedade.

O sonho não acabou?

Muitos anos depois de maio de 1968, quando a sala de aula, identificada como foco de dominação, foi transformada pelos estudantes franceses em palco das contestações contra qualquer espécie de autoridade, o que influenciou o comportamento de todo o mundo ocidental, seria apressado e simplista supor que o homem agora se volta com nostalgia para o modelo de ensino tradicional que entrou em crise nos anos 1960. Depois de maio de 1968, seria inadmissível um retorno às fórmulas anteriores, a universidade acordou para o mundo, tomou um novo impulso de investigação científica; em lugar do estudo, privilegiou-se a criatividade, estimulou-se o debate intergrupos, a autoavaliação, os seminários e o autodidatismo.

As modificações, em alguns casos, representaram inovações pedagógicas; em outros, as experiências decorrentes da época significaram um falso espontaneísmo pedagógico, um ensino barateado, mediocrizado. A criatividade revelou-se improdutiva quando não esteve associada com a organização, pelo professor, de conhecimentos considerados indispensáveis para a formação do aluno e em cima dos quais este possa, então, desenvolver e criar.

De lá para cá, os estudantes fizeram um caminho de volta à sala de aula e em suas atuais reivindicações estão a melhoria do ensino, a ligação da universidade ao mercado de trabalho e outras específicas de cada escola e de cada sala de aula. No entanto, essa decepção com um modelo de ensino alternativo não quer dizer que a universidade deve perder o pouco de flexibilidade que adquiriu a partir de 1968. Nem que deva deixar de ser um local onde se estimula a democratização, a reflexão crítica e a liberdade de criação. Pelo contrário, o que está em discussão, atualmente, é justamente o fato de a universidade fingir ter tudo isso, quando é envolvida pelo "pacto de silêncio" — expressão com que muitos educadores designam a tolerância mútua existente entre professores e alunos, quando não exigem nada uns dos outros. Os primeiros, quando querem ter sua incompetência protegida; os segundos, quando pretendem sair o mais rapidamente possível da escola.

No entanto, uma análise crítica e realista sobre a universidade e o desempenho do papel do professor e do aluno já se apresenta de forma mais viva, apontando algumas explicações e sugestões.

A própria universidade poderá fornecer os elementos adicionais, estendendo a pesquisa institucional para os demais aspectos essenciais da vida acadêmica. Porque a universidade é o lugar privilegiado da civilização, não apenas por reunir uma "seleção do mundo", mas porque essa seleção, essa verdade humana revela-se dentro de certa paisagem, dentro de um contexto social. Daí, a necessidade de se alterar os padrões de desempenho para atingir os objetivos de competência e de democratização desta instituição tem de levar em conta o seu compromisso social. Este compromisso dota a universidade de características próprias, ligadas tanto à formação de cidadãos com qualificações específicas quanto à produção do conhecimento.

O momento atual de interpretação das relações entre a educação universitária e a sociedade aponta para alguns caminhos que visam o resgate da função específica da escola. Deixamos como sugestões para debate aquelas que se destacam por já terem sido apresentadas como propostas ao longo desse texto.

1. A necessidade de serem discutidos integradamente os objetivos da escola (desde a Educação Infantil até o Ensino Superior e de Pós-Graduação), de forma a ser suprida a ausência de políticas claras para o setor educacional, direcionando-o e compatibilizando-o com os ideais democráticos definidos pela sociedade.

2. A necessidade de que os professores e educadores conheçam o perfil de seus alunos: suas experiências, suas necessidades, suas condições de vida. A instituição que se destina a efetuar mudança de pessoas na sociedade tem de levar em conta os aspectos pessoais de cada um. Para mudar, temos de conhecer, partindo de algum lugar. Esse é um dos passos para inverter o círculo vicioso que se inicia com a não aceitação do aluno e que desemboca no fracasso escolar.

3. Dotar o professor universitário de uma estrutura pedagógica que facilite o desempenho de seus papeis e a mudança de habilidade e atitudes.

Se o debate atual a respeito da função docente na escola e na universidade teve o mérito de alertar os professores para o que não devem fazer, deixa-os também confusos quanto à forma como devem atuar profissionalmente tendo em vista atender aos processos de mudança social reclamados. Os modelos atuais que o professor tem á sua disposição vêm do ensino tradicional, o que faz com que, muitas vezes, acabe vigorando a tendência de se ensinar como se foi ensinado (embora a realidade do professor, do aluno e da escola atuais tenha se alterado). A própria legislação educacional brasileira oferece brechas de atuação para os educadores que quiserem inovar, em vez de ficarem presos ao ceticismo.

Para tanto, a educação permanente deve levar em conta alguns princípios fundamentais, que aqui se aplicam também aos educadores interessados na reciclagem do corpo docente em exercício e na formação dos futuros professores, nas escolas que a isto se destinam: o envolvimento no processo daquele que aprende; a aceitação dos aspectos que serão estudados e de sua relevância; a atmosfera não autoritária no ambiente de aprendizagem.

Longe da fase de delírios e devaneios da universidade, o sonho dos educadores agora é outro, situado dentro das *possibilidades e dos limites da educação escolar no processo de democratização da sociedade*. O momento atual de interpretação sobre as relações entre a educação escolar e a sociedade não significa que foram superadas definitivamente as etapas (teóricas e ideológicas) anteriores de interpretação destas relações:

a) a supervalorização do papel da educação escolar dentro da sociedade;

b) a descoberta da "função econômica" da educação e seus reflexos nos planos individual e social;

c) a educação escolar como instrumento de reprodução das desigualdades sociais.

Mas a circunscrição atual do papel da educação escolar faz com que se vislumbre as suas possibilidades: promover, dentro de seus limites, a democratização, ao propiciar a aprendizagem efetiva de conteúdos valorizados socialmente, a qualidade da vida humana coletiva (tanto da comunidade universitária como da sociedade que fará uso da formação que o aluno adquirir) e o rompimento do processo de seletividade social dentro da escola.

A escola e o professor competentes serão aqueles que conseguirem garantir aos alunos o domínio das habilidades relevantes para sua qualificação, habilidades que deverão ser corretamente avaliadas. Essa escola e aquela que irá conseguir formar bons alunos, bons profissionais, uma elite, independentemente do nível socioeconômico destes alunos.

Se a universidade ainda não consegue atingir esse objetivo, porque seleciona os já selecionados socialmente durante a vida escolar, é porque ela reflete, como um espelho, a nossa realidade social. Este é um problema da nação, que ainda não conseguiu corrigir as injustiças sociais e colocar a educação básica de qualidade ao alcance de todos. Mas é atualmente também um problema dos educadores preocupados com a recuperação da especificidade do trabalho escolar e com a qualidade de vida humana coletiva, pois acreditam que a sociedade define o ser humano e, como tal, professores e alunos. Mas o ser humano também define a instituição de que participa e a sociedade, pois sua ação é capaz de criar novas instituições e determinar concretamente a realidade social, quando ele escolhe a forma de exercitar os micropoderes que constantemente estão depositados em suas mãos.

Isto significa que o sonho utópico dos educadores está sendo transformado, de acordo com a paradoxal coerência humana, que permite que o ser humano se contradiga, para se corrigir.

Isto significa que o sonho não acabou. Ele agora é outro.

Referências bibliográficas

ARENDT, Hannah. *Entre o passado e o futuro*. 2. ed. São Paulo: Perspectiva, 1979.

BRANDÃO, Zaia. Uma revisão da prática pedagógica. *Fórum Educacional*, n. 3, p. 59-63, 1979.

CAMPOS, Maria Christina S. S. *Educação*: agentes formais e informais. São Paulo: EPU, 1985.

DELEULE, D. *La psicología, mito científico*. Barcelona: Anagrama, 1975.

FOUCAULT, Michel. *Microfísica do poder*. Rio de Janeiro: Graal, 1979.

FRENCH John R. P.; RAVEN, Bertrand. As bases do poder social. In: CARTWRIGRT, Darwin; ZANDER, Alvin. *Dinâmica de grupo*: pesquisa e teoria. São Paulo: EPU/Edusp, 1969.

FROMM, Erich. *O medo à liberdade*. 3. ed. Rio de Janeiro: Zahar, 1964.

FURLANI, Lúcia Maria Teixeira. *Autoridade*: meta, mito ou isso? A resposta de professores universitário. Dissertação (Mestrado) — PUC, São Paulo, 1987.

_____. *A claridade da noite*: os alunos do ensino superior noturno. São Paulo: Cortez/Unisanta, 1998.

GONÇALVES, Obéd. Incorporação de práticas curriculares nas escolas. *Cadernos de Pesquisa*, n. 49, p. 55-62, 1984.

GORDON, Thomas; BURCH, Noel. *T.E.T.*: teacher effectiveness training. Nova York: David Mackay, 1977.

LEBRUN, Gérard. *O que é poder*. São Paulo: Abril Cultural/Brasiliense, 1984.

LIBÂNEO, José Carlos. *Democratização da escola pública*: a pedagogia crítico-social dos conteúdos. São Paulo: Loyola, 1985.

LUCKESI, Cipriano C. Avaliação educacional escolar: para além do autoritarismo. *Ande*, revista da Associação Nacional de Educação, n. 10, p. 47-51, 1986.

MASETTO, Marcos T. O professor ensino superior brasileiro. Tese (Doutorado) — PUC, São Paulo, 1987

ROGERS, Carl R. *Libertad y creatividad en la enseñanza*: el sistema no diretivo. Buenos Aires: Paidós, 1975.

SANDER, Benno. *Consenso e conflito*: perspectivas analíticas na pedagogia e na administração da educação. São Paulo: Pioneira, 1984.

SAVIANI, Dermeval. *Escola e democracia*. São Paulo: Cortez/Autores Associados, 1983.

SKINNER, Burrhus F. *Tecnologia do ensino*. São Paulo: Herder, 1972.